「論語」の教え

豊かな心で生きる

佐久協

出版芸術ライブラリー
005

出版芸術社

はじめに

儒教の大聖人として崇められる孔子も、政治家としての成功を夢見たがどの国にも受け入れられず、その人生は常に挫折と隣り合わせに歩んできたものだった。『論語』にある孔子の言行は、そうした厳しい現実のなかで語られた、極めて実践的な言葉であり行動だといえる。まさに『論語』は、何かとストレスの多い現代社会を生き抜くために必要な、しなやかなこころ〈逆境に負けないメンタルの強さ〉を自分自身で鍛え、育てるのにぴったりの本である。

これまで『論語』は聖典とされるあまり、こむずかしい教養のごとく扱われたり、また漠然《ばくぜん》とした人生の指針として読まれてきたように思う。しかし、孔子が生きたのは中国の春秋戦国という動乱の時代で、めざしたのは政治家として国家経営での活躍（＝ビジネスマンとしての成功）だった。いくども困難に直面し、どう行動すべきか悩んだはずだ。そんななかで語った言葉だと思って読めば、自ずと解釈も違ってくるだろう。もちろん、のちに聖人と称えられた孔子であるから、崇高《すうこう》な志《こころざし》をもっていたことはたしかだ。しかし、その言葉や行動は現代のビジネスマンにとって、社会生活を送るうえで実践的で役立つものが多いのだ。

本来、古典というものは、時代や個人に即した解釈が許されるものだと思う。本書の主題である第一部では、『論語』を構成するおよそ五一二の章句のなかからビジネスマンに役立つ章句を選び、いまという時代に即して補筆・翻訳した。解説文もあわせて、とくに若いビジネスマン諸兄《しょけい》が道に迷ったときの一助になれば幸いである。

なお、本書は主として金谷治氏の『論語』（岩波文庫青二〇二—一／岩波書店／二〇〇七年版）を底本としているが、訳文では「子曰く」を省いて孔子が語った言葉として翻訳した。また読みやすさを重視して、原文・書き下し文・訳文ともに旧字体は可能な限り新字体に直して表記した。

佐久　協

『論語』の教え　豊かな心で生きる◉目次

第1部　孔子の言葉　時を超えた生き方の指標

◆生き方

第2部 孔子と『論語』の基礎知識

『論語』を結実させた苦難の人生

第3部 人生に役立つ儒教の教え 儒教から生まれた珠玉の言葉

第1部

孔子の言葉

時を超えた生き方の指標

仕事、人付き合い、家庭や私生活など、
現代にも通じる孔子の言葉を
九つのテーマで紹介します。

◉生き方

人生や仕事に対して情熱をもって取り組め

子曰《しい》わく、学《まな》びて時《とき》にこれを習《なら》う、亦《ま》た説《よろこ》ばしからずや。朋《とも》、遠方《えんぽう》より来《き》たるあり、亦《ま》た楽《たの》しからずや。人《ひと》知《し》らずして慍《いきどお》らず、亦《ま》た君子《くんし》ならずや。

【学而第一―一】

子曰、学而時習之、不亦説乎、
有朋自遠方来、不亦楽乎、
人不知而不慍、不亦君子乎、

訳

学んだことをチャンスをつかんで実践してみるのは愉快なことだぞ。遠方から友人がやって来て語り合うのは楽しいことだ。

世間が自分のことを知ってくれなくてもいらだったりしないのは、君子としてのありようだぞ。

解説

人生に生かすヒント

努力して磨いた自分の能力を信じ、積極的に人生を生きていこう

この章句は『論語』一〇巻二〇篇の巻頭に出てくるもので最も有名だが、この章句をどのように解釈するかによって、孔子や『論語』の解釈は大きく左右される。

孔子は学者や教育者と思われがちだが、自身がめざしたのは政治家であり、徳的政治の実現だった。

第一句の「時にこれを習う」は、学習したことをただ復習するという意味ではなく実践するという意味である。二句めの遠方からやって来るのは、ともに同じ目的をめざす同志とみなしてよいだろう。

「遠方より」は遠くからの意味だが、意見がへだたった者がやって来て論争する楽しみとも訳せるし、書物を通して遠くへだたった過去の人物との対話を楽しむとも訳せる。

「世間が自分のことを知ってくれなくても……」という三句めは、孔子の謙遜ぶりを示すというのが従来の解釈だが、理想政治実現のための冷静沈着な努力の表明とみなすべきだろう。

孔子は慎み深くはあったが、自身の才能には並々ならぬ自信をもっており、性格的にも激しいパッションをもった人物だった。孔子の謙遜は、自分は能力に関しては誰にも負けないという自負から生まれているものであり、聖人君子として想像されがちな悟りすましたヤワな謙遜とは無縁だったのだ。

そう考えると、三句めを「人知らずして慍《いきどお》らずんば亦た君子ならずや」と読むのもおもしろい。世間が自分のことを知ってくれないことに憤慨するようでなければ、ひとかどの人物にはなれないぞ、とも訳せる。

いずれにせよ、孔子は積極的に打って出るタイプの人物だったのであり、彼の言動は現役のビジネマンにとってはもとより、第二の人生を目指すリタイア者にとっても大いに参考になるものなのだ。

◉生き方

自分の力を発揮するチャンスを逃すな

子曰《しい》わく、君子《くんし》は世《よ》を没《お》えて名《な》の称《しょう》せられざることを疾《にく》む。

【衛霊公第十五－二十】

子曰、君子疾没世而名不称焉、

訳

君子たる者は生涯まったく名を知られずに終わるのを無念に思うものだ。

子貢《しこう》曰《い》わく、斯《ここ》に美玉《びぎょく》あり、匵《ひつ》に韞《おさ》めて諸《こ》れを蔵《ぞう》せんか、
善賈《ぜんこ》を求《もと》めて諸《こ》れを沽《う》らんか。
子《し》曰《い》わく、これを沽《う》らんかな、これを沽《う》らんかな。
我《わ》れは賈《こ》を待《ま》つ者《もの》なり。

【子罕第九－十三】

子貢曰、有美玉於斯、韞匵而蔵諸、
求善賈而沽諸、
子曰、沽之哉、沽之哉、
我待賈者也、

訳

子貢が質問した。「ここに素晴らしい玉があったとしたら、先生はそれを箱にしまわれますか、それともよい買い手を探して売りますか」と。

そこでこう言った。「売るとも、売るともさ。わたしは買い手を待っているのだ」と。

解説

人生に生かすヒント

生涯、活躍の場を求めた孔子にならい、夢を諦めずにチャンスをつかめ

このふたつの章句も、聖人君子として想像される孔子像からは意外な発言に思われるかもしれない。孔子は世に隠れ住む道家的な生き方を否定しており、積極的な社会参加主義者だったのである。

そもそも中国文化では立身出世は何ら卑しむべきことではなく、男子に生まれついた者がめざすべき大目標だった。立身出世をして自分の名前が世間に知られるようになるのは、先祖の名を世間に知らしめることであり、先祖への何よりの供養とみなされていたのだ。

二章句めは、弟子の子貢《しこう》がナゾかけの質問をしているのだが、孔子はすぐにそれを読みとり、自分が才能を発揮する場を求めていることをあからさまに表明している。子貢は孔子の弟子のなかでは珍しく経済に明るく、さまざまな投資で利益を上げていた人物だったから、孔子への質問も売買をたとえ

にしているところがミソである。

孔子は別の章句で「自分はニガウリにはなりたくないんだ。ぶらさがったまま人に食べられもせずに終わるような人生を送るわけにはいかないのだ」とも述べている。また「自分に政治を三年任せてくれたなら、ビックリするほど立派な国にしてみせる」と自信のほどを示してもいる。

結局、孔子は自分の願いを叶えられずに終わったが、だからといって落胆したり諦めの境地に安住してはいない。生涯、夢の実現をめざして精進しているのだ。孔子は現実主義者であり、かつロマンチストでもあったのだ。

孔子は『論語』のなかで自分の能力を「生まれつきの才能ではなく、コツコツと努力して身につけたものだ」と語っている。現代の厳しいビジネスの世界に生きる者も、自分がこれぞと自負できる能力を身につけるよう、倦《う》まず弛《たゆ》まず精進したいものだ。

◉生き方

人生もビジネスも長期的展望をもって進め

子曰《しい》わく、吾《わ》れ十有五《じゅうゆうご》にして学《がく》に志《こころざ》す。三十《さんじゅう》にして立《た》つ。四十《しじゅう》にして惑《まど》わず。五十《ごじゅう》にして天命《てんめい》を知《し》る。六十《ろくじゅう》にして耳順《みみした》がう。七十《しちじゅう》にして心《こころ》の欲《ほっ》する所《ところ》に従《したが》いて、矩《のり》を踰《こ》えず。

【為政第二ー四】

子曰、吾十有五而志乎学、
三十而立、四十而不惑、
五十而知天命、六十而耳順、
七十而従心所欲、不踰矩、

訳

わたしは十五歳のときに学問で身を立てようと決心した。三十歳で学者として独立できた。四十歳になると、あれこれ迷うことがなくなった。五十歳になると、自分が天から与えられた使命を理解できるようになった。六十歳になると誰の言うことでも素直に受け入れることができるようになった。七十歳に達すると、自分では自由気ままに行動しているのだが、それでいて道徳的な基準からまったく外れなくなった。

解説

人生に生かすヒント

長寿社会で充実の人生を送るための孔子の生涯にたとえた生き方の指針

孔子は七十三～七十四歳で亡くなっているから、この章句は遺言に近いものといえる。それにしても、孔子が偉そうに自分の一生を述べるわけがないというので、これは孔子が自分の生涯にかこつけて、どのように生きれば大過なく人生を送ることができるかを弟子たちに示したのだとの解釈がある。

十五歳くらいになったら将来のことを考えるがよい。

二十代は試行錯誤するだろうが、三十歳くらいで独立できるよう目安を立てて頑張れ。

四十歳は若さと老いの分岐点で、迷いやすいから気を引き締めることだ。

五十歳になったら自分を客観的に見られるようになるから、自分の能力を見きわめて老後に備えよ。

六十歳になったらガンコにならずに、若い者の声にも耳を傾けるとよい。

七十歳になったら、あくせくせずに老いを楽しむがよい。

と述べたのだという。

会社もそこで働くビジネスマンも、最近はグローバル化の波をかぶってアメリカ式に短期目標しか考えなくなってしまったが、この章句は長期的展望を立てることの重要性を示している。十年後には自分はこうなっていたい、二十年後の自分は……と予定を立てて書き記しておけば、自分の成長がわかるだろうし、目先の変化に一喜一憂しないで済むだろう。

長寿社会の日本では、退職後の生活を送る時間もたっぷりあるのだから、余生として送るのはもったいない。企業もそうだ。目先の利益を追いかけて創業時の本領を忘れて失速する企業が後を絶たないが、そうした企業も十年ごとに区切って百年の計を立ててみることだ。

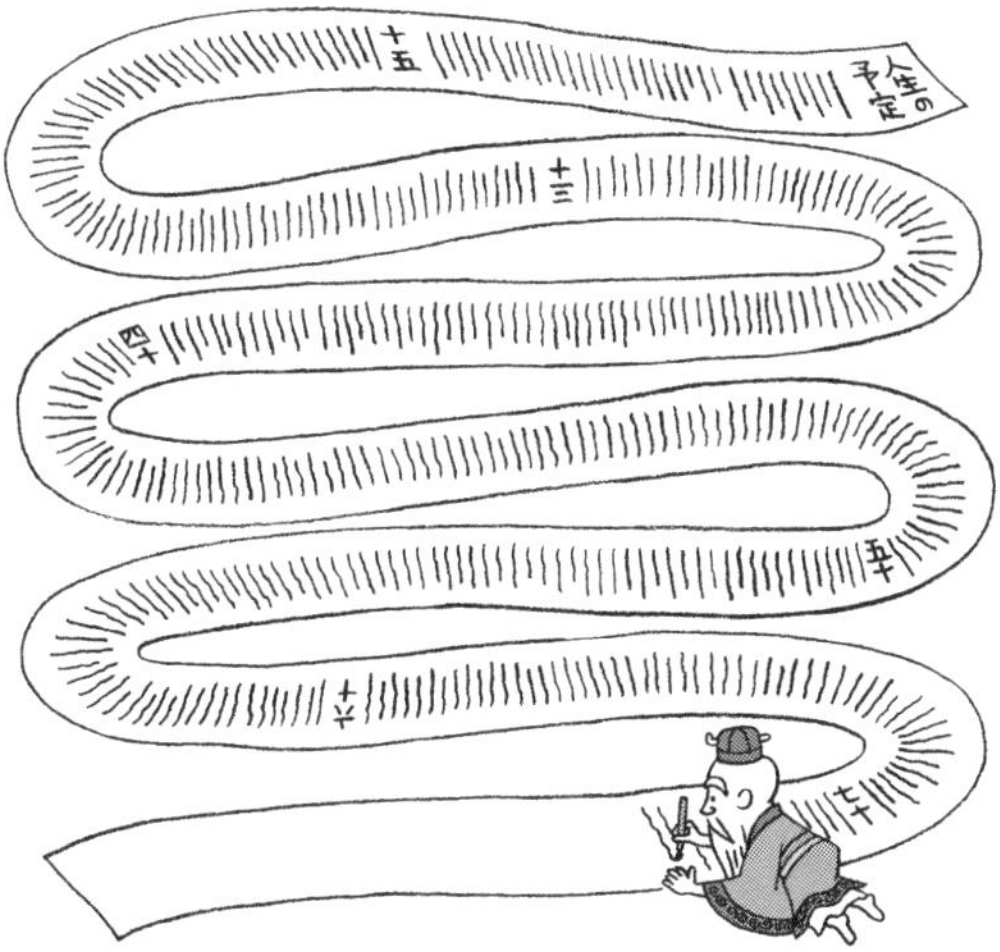

◉生き方

不正に得た成功などはかないものと思え

子曰《しい》わく、疏食《そし》を飯《くら》い水《みず》を飲《の》み、肱《ひじ》を曲《ま》げてこれを枕《まくら》とす。楽《たの》しみ亦《ま》た其《そ》の中《うち》に在《あ》り。不義《ふぎ》にして富《と》み且《か》つ貴《たっと》きは、我《わ》れに於《お》いて浮雲《ふうん》の如《ごと》し。

【述而第七－十五】

子曰、飯疏食飲水、曲肱而枕之、
楽亦在其中矣、
不義而富且貴、於我如浮雲、

訳

質素な食事をし、のどが渇いたら水を飲む。寝るときにはひじを曲げて枕代わりにする。そんな貧しい生活のなかにも、日々の向上という真の楽しみは存在するものなのだ。

不正な手段で裕福になったり出世したりするなどというのは、わたしにとっては空に浮かんでいる雲のように、一時のはかない存在にしか思えない。

解説

人生に生かすヒント

清廉かつ実践家として力を発揮すれば、人間的魅力も磨かれる

孔子は世に出て縦横に才能を発揮したいと願っていたが、その目的のために手段を選ばないという考えはもたなかった。あくまでも手段の正しさを重視するというのが孔子のポリシーだったのだ。

しかし、孔子はただ漫然《まんぜん》と声が掛かるのを待ち望んでいたわけではなく、時としては願いを叶《かな》えるために世間の評判のよくない者に接近したりもして

いる。とりわけ衛《えい》の霊公《れいこう》の夫人南子《なんし》との関係は、世間によからぬ噂が立つほどのものだった。南子は霊公と結婚する以前に美男で知られる宋の公子と通じており、結婚後も不倫関係を続けているいわく付きの女性だった。

これを孔子のあせりと解釈することもできるが、孔子がきれい事だけを言っている単なる評論家ではなく、イザというときには人生の修羅場をくぐる実践家であった証拠でもある。ビジネスマンにはここ一番という時に、のるかそるかのバクチを打つ能力が要求されるが、孔子もそうしたバク才と無縁ではなかったのだ。ただし、そうした場合でも孔子の行動は私利私欲にかられたものではなかった。その表明がこの章句である。

南子の件では古参の弟子の子路《しろ》が苦言を呈し、孔子は忠告に従っている。そのとき孔子は五十七歳。まさに「六十にして耳順《みみしたが》う」を実践していたわけだ。孔子は美男子とはいえない厳《いか》つい容貌で身長が二メートル前後の大男だったが、見かけと裏腹に知的でエレガントときていたから、そのアンバランスなところが女性には魅力的だったのだろう。生活から生まれる清々しさは、現代のビジネスマンにとっても不可欠なものだ。

◉生き方

神や宗教より自分の力を信じて歩め

季路《きろ》、鬼《き》神《しん》に事《つか》えん事《こと》を問《と》う。
子《し》曰《い》わく、未《いま》だ人《ひと》に事《つか》うること能《あた》わず、焉《いずく》んぞ能《よ》く鬼《き》に事《つか》えん。
曰《い》わく、敢《あ》えて死《し》を問《と》う。
曰《い》わく、未《いま》だ生《せい》を知《し》らず、焉《いずく》んぞ死《し》を知《し》らん。

【先進第十一―十二】

季路問事鬼神、
子曰、未能事人、焉能事鬼、
曰敢問死、
曰未知生、焉知死、

訳

弟子の子路《しろ》（季路《きろ》）が質問をした。「神霊に仕えるにはどうしたらよいでしょうか」と。そこでこう言ってやったよ。「わたしは人に仕えることもまだ十分習熟していないのだ。神霊に仕える方法などわからないね」と。

さらに子路が死について問うのでこう言ったよ。「わたしは生についてもまだ十分に理解していないのだ。死については何も知らないよ」とね。

解説

人生に生かすヒント

孔子が教えたのは近代的合理主義の精神
「神は自ら助くる者を助く」

人間は齢《とし》をとると人生のすべてがわかったような気分になり、この世ばかりかあの世のことまでわかったつもりで語りたくなるものだ。しかし、「子、怪力乱神を語らず」というように、孔子はそうした態度とは無縁だった。

日本の企業ではカリスマ的な創業者が崇《あが》められて、会社が宗教団体と区別がつかないようになっている所が少なくない。あるいは、会社に身も心も捧げることをよしとする気風もいまだに色濃く残っている。名医といわれる医者でも、患者を自分の信者にしてしまっている者が少なくない。

それに対して孔子は、弟子を独り立ちした人間に育てることをめざしており、自分の信者にしようなどとしてはいない。

当時の社会はそれまでの価値観が大きく揺らぎだしており、現在のカルト宗教のようなものも数多く生まれていたようで、子路の質問もそうした社会情勢と関係があったのだろう。孔子は、子路に自分自身に内在する力を信じて自信をもって歩むように諭《さと》しているのだ。

価値観が揺らいでいるのは現代も同じである。であれば、孔子のこの言葉は、我々への問いかけでもあるのではないだろうか。

孔子は天（神）の存在を信じていたが天にすがってはいない。十八世紀のアメリカでは、ベンジャミン・フランクリンが「神は自ら助くる者を助く」と述べて、近代合理主義にもとづく独立独歩と創意工夫のビジネス精神を打ち立てた。ところが孔子はフランクリンより二二〇〇年以上も前に、同様の精神を広めていたのだ。

◉人付き合い

周囲の人を見て自分の手本とすべし

子《し》曰《いわ》く、我《わ》れ三《さん》人《にん》行《おこな》えば必《かなら》ず我《わ》が師《し》を得《う》。
其《そ》の善《よ》き者《もの》を択《えら》びてこれに従《したが》う。
其《そ》の善《よ》かざる者《もの》にしてこれを改《あらた》む。

【述而第七―二十一】

子曰、我三人行、必得我師焉、
択其善者而従之、
其不善者而改之、

訳

人が三人集まって行動すれば、そのなかに必ず我が師と呼べる者がいるものだ。そのなかの善人を選んで従えば、我が身をよくすることができる。そのなかの善くない者を選んで、そうした行為をしなければ、やはり我が身をよくすることができるのだ。

解説

人生に生かすヒント

失敗から多くを学べるのと同様に、ダメな友人からも学ぶものはある

たとえ自分より劣った者でも手本になるという考えは、古くは『詩経《しきょう》』の「他山の石もって玉を攻《おさ》むべし」（他の山で取れた質の劣った宝石で宝石を磨く）という言葉や、新たなところでは文化大革命時代に盛んに使われた「反面教師」で知られているが、その一方で「朱に交われば赤くなる」という諺《ことわざ》もあり、なかなかむずかしいところだ。

孔子もほかの章句では「己《おのれ》に如《し》かざる者を友とすることなかれ」と、人格

的に劣った者を友としないように忠告している。あるいは「有益な友人が三種類、有害な友人が三種類いる。正直者や誠実な者や知識の豊富な者を友とするのが有益な三友であり、見栄っ張りやゴマスリや口達者を友とするのは有害な三友だ」とも述べている。

このように『論語』では、相反するような主張にしばしば出くわすが、孔子は教条的な説を唱えていたわけではなく、弟子の一人ひとりに見合った教え方をしているのだ。この場合も意志の強い者には誰とでも付き合うように促《うなが》し、悪友に引きずられがちな性格の弱い弟子には悪友と付き合わないように忠告したと見るべきだろう。〝人を見て法を説け〟を実践していたわけだ。

さて、この章句の「三人」を自分と会社の同僚に当てはめてみよう。すると、「有能な同僚にだけ目を向けていてもダメだ。劣った同僚も仕事の手助けになるんだぞ」と読める。あるいは仕事の成功と失敗に置き換えてみよう。すると、「成功ばかりに目を向けていてはダメだ、失敗からもはるかに有益な教訓を得られるんだぞ」となる。実際に多くの企業が失敗によってよりも成功にアグラをかいて失敗しているのだ。

◉人付き合い

ときには付和雷同で実利を取る道もあり!?

子《し》曰《いわ》く、君子《くんし》は和《わ》して同《どう》ぜず、小人《しょうにん》は同《どう》じて和《わ》せず。

【子路第十三-二十三】

子曰、君子和而不同、小人同而不和

訳

君子は協調するが付和雷同はしないものだが、小人物はすぐ付和雷同するが協調はできないものだ。

解説

人生に生かすヒント

孔子のように正道を貫く生き方もいいが、実利をとる生き方もまた生きる術だ

孔子は徒党を組んだりベタベタとした交際を極度に嫌っていた。これは当時の魯《ろ》の国が家老たちによって好き放題にされ、そこに利権を求める者たちが群がっていたことに対する憤《いきどお》りがあったためだ。また孔子は父親のいない家庭で孤独に育ったようで、独立自尊の気風が強く、オベンチャラなど口にしたくてもできない性格に育ったようだ。

孔子が権謀術数《けんぼうじゅつすう》を発揮していたならば、彼ほどの才能のもち主が魯の国の政治改革を行うことなどわけなかったことと考えられるが、その代わりに彼の名が今日まで伝わることもなかったろうから、人間の生き方や人付き合

いというのはなかなかむずかしいものだ。

　世間を敵にまわしてまでも正道を貫き通すのか、ときにはうわべだけの言葉を口にして巧みに人間関係を築き上げ、膝を屈してでも実利を取るのか。孔子は前者を選んだが、彼の偉大なところは自分の生き方を弟子たちに強要していない点だ。

　弟子の多くは孔子が批判している家老に仕えている。しかし孔子の弟子たちを見る目には温かみがあり、宮仕えの苦労をしている弟子たちをいたわり、助言を与え、弟子たちの身を案じている。孔子の心配は当たって、最古参の弟子の子路《しろ》は政争に巻き込まれて非業な最期をとげている。

　昔もいまも組織の鍵は人間関係だ。企業が小さいときにはとかく社長はワンマンで、社長の言うことにすぐに飛びつく付和雷同型の社員が目をかけられて出世をするし、企業が大きくなればなったで付和雷同型が幅をきかせるようになるものだ。下級役人から出発した孔子は、そうした実態を知り尽くしていたのだ。

◉人付き合い

孤立を恐れず行動すれば真の友人が集まる

子《し》曰《いわ》く、巧言令色《こうげんれいしょく》、鮮《すく》なし仁《じん》。

子曰、巧言令色、鮮矣仁、

【学而第一－三】

訳

おべっか上手や愛想のよい人間に人格者なんていやしない。

子曰《しいわ》く、徳《とく》は孤《こ》ならず。必《かな》らず鄰《となり》あり。

【里仁第四－二十五】

子曰、徳不孤、必有鄰、

訳

仁徳さえあれば孤立しっぱなしにはならないぞ。必ず同調者が現れるものだ。

解説

人生に生かすヒント

弟子三〇〇〇人を得た孔子の魅力は孤立を恐れぬ強い意志

いつの時代でも、本当の友人や協力者を得ることはむずかしい。学校時代の親友でも就職となると同じ仕事を選ぶとは限らない。同じ会社に就職したとしても同じ目標をめざして働くとは限らない。同じ目標をもって働いたとしても、イザというときに同じ決断をするとは限らない。イザというときに同じ決断をしたとしても、ともに立ち上がって行動してくれるとは限らない――『論語』にはこれとそっくりの言葉が出てくる。

孔子も人間関係では散々に苦労をしている。「まじめに礼儀正しく仕事をしていると、あいつは上役にゴマをすっていると噂される」（八佾《はちいつ》第三―十八）と嘆いているが、孔子もイジメに遭っていたのだ。並の人間ならうわべだけのもたれ合い的な交際に安住しがちだが、そんな交際で満足していると、自分も組織もダメになってしまう。孔子がたどり着いたのは、おべっか使いなど相手にするな、孤立を恐れるな、という境地だった。

現在の日本を見ると、学校でも会社でも、仲間はずれになるのが怖くて、誰もが本音を言わずにその場の空気に無理やり自分を合わせて群れてはいるが、それでは安らぎも連帯感も得られない。疲労感といらだちが募るのみであり、それが捌《は》け口を求めて弱者へのイジメの原因となっているのだ。

孔子はかたくなな孤立主義をとっていたわけではないが、たとえ孤立してでも自分の考えを堅持する重要性を説いている。孔子はそれを実践したお蔭で三〇〇〇人もの弟子を得られたのだ。

コラム『論語』と孔子のこぼれ話

曲《きょく》阜《ふ》三《さん》孔《こう》

—世界遺産になった孔子の故郷—

孔子が生まれた中国山東省曲阜には、孔子を祀《まつ》った寺院「孔廟《こうびょう》」、孔子の直系子孫が住んだ邸宅「孔府《こうふ》」、孔子とその子孫たちの墓所である「孔林《こうりん》」があり、「曲阜三孔《きょくふさんこう》」と総称されています。1994年には世界遺産に登録されました。

曲阜の町の中央にある孔廟は、孔子の死の翌年、魯《ろ》の哀《あい》公の命によって、孔子の住居に生前使っていた物を集めて造られました。最初は孔子が暮らしたまま、わずか3部屋しかなかった孔廟ですが、その後何度も増改築が行われました。いまでは約20万平方メートルの広大な敷地に、部屋数466という壮大な建築群として、中国三大古代建築のひとつに数えられています。

孔廟の隣に建つ孔府は直系子孫の住宅で、王朝から爵位を授けられた子孫たちの官庁でもあります。最初に爵位を授けたのは漢の高祖《こうそ》・劉邦《りゅうほう》で、孔子9代めを「奉祀君《ほうしくん》」に封じ、その後も時の皇帝から爵位を授けられてきました。

孔子とその末裔《まつえい》が眠る孔林は町の北側にあります。208ヘクタールを超える敷地には孔家歴代の墓が10万基以上、第78代まで埋葬されています。孔子の末裔は歴代王朝に守られ、2400年以上にわたって連綿と家系をつないできたのです。これほど長く確かな家系は、世界でも稀《まれ》な存在だといえるでしょう。

愛情ある教育が人を育てる

子曰《しい》わく、性《せい》、相《あ》い近《ちか》し。習《なら》えば、相《あ》い遠《とお》し。

【陽貨第十七－二】

子曰、性相近也、習相遠也、

訳

人間の性質や能力は生まれつきでは大差ないが、学習によって大きな差がつくものだ。

子曰《しい》わく、これを愛《あい》して能《よ》く労《ろう》すること勿《な》からんや。忠《ちゅう》にして能《よ》く誨《おし》うること勿《な》からんや。

【憲問第十四－八】

子曰、愛之能勿労乎、
忠焉能勿誨乎、

訳

わたしは人を愛したら励まさずにはいられないし、忠実な人物であるからには教育しないではいられないんだよ。

解説

人生に生かすヒント

入社後の教育と学習が人材育成の鍵であり、自分自身を愛して育てることも大切だ

ともに教育者としての孔子の面目躍如な言葉だ。

第一の章句は当たり前のことが当たり前の言葉で語られているだけだが、

孔子自身の教育体験に裏打ちされたものだから、地味ではあるが結果的には科学的・合理的な真理として現代人が読んでも新鮮に感じられるのだ。

日本の役人は、つい最近までは有能で何よりも清廉《せいれん》だと言われてきた。ところがそれを裏切る事実が、次から次に明るみに出てしまった。その腐敗の原因はキャリア制度にあるとされ、公務員の試験制度にメスを入れようと、二〇一二年度から新しい試験制度が実施された。しかし実態は名称を変えただけで、その内容は何ら変わらないものだったというお粗末さだ。

とはいえ、二十歳をわずかに出たばかりの学生に一発試験を科して、その成績で将来の幹部を決めるような制度がこれほど長く続いてきたこと自体が異常なのだ。

企業の入社試験だって同じようなものだろう。試験に受かって採用されれば、大きな失敗をしでかさない限りそこそこの地位まで行けるというのでは、誰も努力をしなくなってしまう。問題は採用後の教育と学習にある。それを述べたのが第一章句だ。

二章句めは教育において愛情がいかに大切であるかが語られている。目先の成果ばかりにとらわれている企業が多いなか、果たして新入社員に愛情をもって教育をしている企業がどれほどあるだろうか。

企業ばかりではない。物ごとがうまく運ばないと、「どうせオレは頭が悪いから」などと自ら決めつけて自分自身を見捨ててはいないだろうか。まずは自分を愛し、愛する自分自身に教育を施すことだ。

◉教育と指導

詰め込み教育より自発性を育てるべし

子曰《しい》わく、憤《ふん》せずんば啓《けい》せず。悱《ひ》せずんば発《はっ》せず。一隅《いちぐう》を挙《あ》げてこれに示《しめ》し、三隅《さんぐう》を以《も》て反《かえ》えらざれば、則《すなわ》ち復《ま》たせざるなり。

【述而第七－八】

子曰、不憤不啓、不悱不発、挙一隅而示之、不以三隅反、則吾不復也、

訳

学びたいという自発的な欲求のない者には教えようがない。自分から求めなければ教えは身に付かないものだ。

四角の一隅を教えたら、残りの三隅は自分で会得しようとするくらいでなくては教えがいがないものだよ。

解説

人生に生かすヒント

部下や後輩を指導するときのポイントは疑問や質問を抱かせるスキ間を与えること

いずれの企業でも社員教育に力を入れているが、多くは外注に頼っている。そうした研修の感想を新人にたずねてみると、概して評判がよくない。

請負の新人研修というものは、遺漏《いろう》がないようにあれもこれもと詰め込み教育をして受講者をウンザリさせているのだ。

そんなふうに四角の四隅をすべて教えるのでなく、相手が疑問を感じたり、質問をしたくなるようなスキ間を与えておくのが上手な教育の秘訣であり、部下を育てるコツでもある。

自発性を育てることが大切であることは誰もが知っているが、自発性の出発点は質問である。入社間もなく退職した者に対するアンケートでは、仕事がイヤで辞めたのではなく、会社の雰囲気に馴染めずに辞めたというのが第一位になっている。

では、そのイヤな雰囲気とは何かというと、気安く質問ができない雰囲気というのがダントツなのだ。こうなると外注の研修もよし悪しで、むしろ先輩による新人教育という古典的なやり方のほうがよい結果を生み出せるのかもしれない。

最近の若い社員は根気がないからすぐに辞めてしまうと嘆く前に、一度振り返ってみてはどうだろうか。

さて、この章句では孔子の求める自発性が「一隅を挙げて三隅を反《かえ》す」である点が注目すべきところだ。孔子は弟子たちに「一を聞いて十を知る」ような無茶な要求をしていない。これもまた教育の重要なポイントである。

せっかく後輩を指導してやったのに、感謝されるどころか逆恨みされたと嘆く者もいる。そういう人は押しつけの詰め込み教育をしているか、過剰要求をしているかのいずれかである。

◉教育と指導

先人の知恵や他者の苦言に耳を傾けよ

子曰《しい》わく、故《ふる》きを温《あたた》めて新《あたら》しきを知《し》る、以《も》て師《し》為《た》るべし。

【為政第二－十一】

子曰、温故而知新、可以為師矣、

訳

過去の事柄をよく知って、その上に新しい知識をつけ加えていけば、物事を判断するときの正しい物差しとなるぞ。

子曰《しい》わく、学《まな》んで思《おも》わざれば則《すなわ》ち罔《くら》し。思《おも》うて学《まな》ばざれば則《すなわ》ち殆《あや》うし。

【為政第二─十五】

子曰、学而不思則罔、思而不学則殆、

訳

知識を学んだだけで自分の頭で考えようとしなければ、真の理解につながらない。かといって自分の頭だけで考えてほかから学ぼうとしないと、独断に落ち入る危険がある。

解説

人生に生かすヒント

先人の優れた知恵に学び、ビジネスでも「温故知新」を大切に

この二章句は自己研修に役立つだろう。人間はとかく自分が人類の歴史の最先端におり、過去はただ古臭いだけの役立たずだと思いがちだ。しかし、技術的な進歩はともかく、智恵に関しては昔の人のほうが現代人より数段優っていたといえそうだ。

覚えている人も多いだろうが、二〇〇七年に日本で続発した食品偽装事件は、いずれもが事業を拡大しすぎたために品不足となり、苦肉の策として産地や製造日を誤魔化したのが発端だった。ところが遙か昔、江戸時代の商人は「屏風《びょうぶ》と商売は広げすぎると倒れる」という諺《ことわざ》で、商品が売れるからといってやたらに拡大路線に走ることを戒《いまし》めているのだ。そんな初歩的な原則を忘れ去ったために、大学で経済学や商学を学んだインテリ後継者が先祖代々、営々として築き上げた老舗《しにせ》の看板に泥を塗っているのだ。

二章句めは、規制緩和によって生まれたベンチャー企業の青年社長たちの誤りが典型的な例だろう。彼らは知識も行動力もあり、一流大学を出て自分で起業し、たちまち大会社に発展させた。だが華々しい成功に目がくらんでしまうと、自分の考えややり方を絶対と信じ込み、唯我独尊《ゆいがどくそん》に落ち入ってしまった。

昔は、中国でも日本でも、国が栄えるときの君主は「社稷《しゃしょく》の臣《しん》」といって、自分に苦言を呈することのできる家臣を身近においたものだった。しかしベンチャー企業の青年社長たちは、そうした智恵はもち合わせていなかったようだ。

これからも、日本は少子化によって、中国はひとりっ子政策によって、ますます唯我独尊的な息子や娘が企業のトップとなることが多くなるだろうから、ふたつの章句の重みも増してくることだろう。

◉道徳

不正で築いた成功に惑わされるな

子曰《しい》わく、徳《とく》の脩《おさ》めざる、学《かく》の講《こう》ぜざる、義《ぎ》を聞《き》きて徙《うつ》る能《あた》わざる、不善《ふぜん》の改《あらた》むる能《あた》わざる、是《こ》れ吾《わ》が憂《うれ》いなり。

【述而第七－三】

子曰、徳之不脩也、学之不講也、
聞義不能徙也、不善不能改也、
是吾憂也、

訳 道徳がかえりみられず、学問や教養がすたれ、正義を聞いても実行しようとしない、不正を行っても改めようとしない。
それがわたしの最大の心配事だよ。

子《し》曰《い》わく、異端《いたん》を攻《おさ》むるは斯《こ》れ害《がい》あるのみ。

【為政第二ー十六】

子曰、攻乎異端、斯害也已矣、

訳 正道でない知識を学ぶのは害があるだけだ。

解説

人生に生かすヒント

裏技を駆使した成功など一時のもの、現代社会にも通じる不正を憂う孔子の心

孔子が生きた時代の魯《ろ》の国は、春秋時代から戦国時代への移行を先取りしたような下剋上《げこくじょう》の社会だった。そうした社会に対する批判と憂いが第一章句である。今日の日本に対する批判としても通用しそうだ。

社会が乱れてそれまでの社会通念や道徳規範が揺らいでくると、いままでの慣習や規範は役立たずになったのだと強調する者が出てくる。さらに極端な者は、ルールやモラルなどというものは人間を束縛するだけのもので進歩や発展のさまたげであり、何でもありの生き方こそ創造的な生き方なのだというような主張をしたりする。

そうした主張をする者が華々しく成功すると、社会全体が浮き足立ってそれまでの社会通念や道徳はますますグラついてくる。そうなると企業でもきれいごとばかり言っていたのでは生存競争に生き残れないという声が湧き起

こり、違法スレスレの手口を真似たり、積極的に行ったりする風潮が広がっていく。真っ当な営業活動をして利益を上げられない経営者はクビになり、裏技や抜け道を駆使する経営者が手腕家として評価されたりもする。

二章句めの異端《いたん》というのは、裏技や抜け道と考えればよいだろう。アメリカ産の金融工学という新学問が生みだしたサブプライムローンなどは、さしずめ異端の典型といってよいだろう。生み出されたときはアメリカ経済を牽引《けんいん》する画期的な金融商品としてもてはやされたが、それが世界中を金融不安に落とし込んだ引き金となったのだ。

邪道の一時の成功に惑わされるな！　それが孔子の真意だろう。

◉道徳

恕——思いやりこそ一生大事にすべきこと

子貢《しこう》問《と》いて曰《い》わく、
一言《いちごん》にして以《もっ》て終身《しゅうしん》これを行《おこ》なうべき者《もの》ありや。
子《し》曰《い》わく、其《そ》れ恕《じょ》か。
己《おの》れの欲《ほっ》せざる所《ところ》は人《ひと》に施《ほどこ》すこと勿《な》かれ。

【衛霊公第十五－二十四】

子貢問曰、
有一言而可以終身行之者乎、
子曰、其恕乎、
己所不欲、勿施於人也、

訳

弟子の子貢が質問した。「一言で生涯それだけを行えばよいというものはありますか」と。

そこでこう言った。「思いやりだろう。自分にしてもらいたくないことを他人しないということだよ」と。

解説

人生に生かすヒント

東洋と西洋で表現の違いはあれど道徳の基本は他人に対する思いやり

子貢の質問に対して孔子は、「恕《じょ》＝思いやり」だと答え、「己の欲せざるところは人に施すこと勿《な》かれ」と説明した。これと正反対の表現が、『聖書』

にある「自分がしてもらいたいことを人に施しなさい」というキリストの言葉である。

このふたつは東洋の道徳の特色と西洋の道徳の特色を述べたものとして有名である。両方とも他人に対する思いやりを重視する点では共通しているのだが、そのやり方にはかなりの相違がある。

自分がしてもらいたくないことを人にするなという東洋の道徳は、他人に対する押しつけにはならないが、積極性には欠けている。一方、自分にしてもらいたいことを人に施せという西洋の道徳は積極的であり、それが西洋でボランティア活動が盛んな理由でもあるのだろう。日本でも最近は東洋の道徳に代わって取り入れられているが、その積極性がときとして押しつけとして作用することも少なくない。

そもそも、自分がしてもらいたくないことも、してもらいたいことも、自分が判断しているのであって相手の意見を聞いていないのだ。そこで二十一世紀は、東洋の道徳と西洋の道徳を補足した「相手がしてもらいたいことを相手に施せ」というのが、人類共通の黄金律となるだろうと言われている。

ところで、「客が求めているものを提供する」のがビジネスの正道である。特にサービス業などは、その最たるものではないだろうか。つまりは、真っ当なビジネスというのは道徳の実践と同じ道でもあるのだ。

◉道徳

国内でも海外でも礼儀正しくあれ

樊遅《はんち》、仁《じん》を問《と》う。
子曰《しい》わく、居処《きょしょ》は恭《きょう》に、事《こと》を執《と》りて敬《けい》に、人《ひと》に与《まじわ》りて忠《ちゅう》なること、夷狄《いてき》に之《ゆ》くと雖《いえど》も、棄《す》つるべからざるなり。

【子路第十三―十九】

樊遅問仁、
子曰、居処恭、執事敬、与人忠、
雖之夷狄、不可棄也、

訳

弟子の樊遅《はんち》が「仁とはどうすることですか？」と質問したので、こう言ったよ。

「家にいるときには立ち居振る舞いをうやうやしくして、物事を行うときには丁寧に行い、人との交際には誠実であることだ。これは外国に行っても捨ててはならないことだぞ」と。

解説

人生に生かすヒント

相手によって態度を変えず礼儀を忘れないことが文明人の証し

この章句の冒頭は「国内に居るときには」と訳して、末尾の「外国に行っても」と対応させる解釈がある。また夷狄《いてき》というのは未開の地・野蛮国という意味であることから、「未開の地に行ってもうやうやしい態度をとっていれば、礼儀知らずの未開人からさえ尊敬されるようになる」という訳もある。

いずれにせよ当時の中国人にとっては中国以外——というよりも、黄河周辺の一部を除く全世界が野蛮未開の地とみなされていたのだ。東夷《とうい》というのは東の未開地、東洋というのは東の海の果ての意味であり、現在でも日本を指す蔑称である。

孔子はそうした未開の地へ行ったとしても礼儀作法や道徳的な行為を忘れてはならない、それほど礼儀や道徳は文明人にとって大切なものだと述べているのだ。と同時に、「どんなに未開や野蛮に思える人に対しても、礼儀正しく道徳的な行為をもって接するべきである」と説いてもいるのだ。

最近、中国人がアフリカ諸国で経済力を背景に尊大な振る舞いをしてヒンシュクを買っているが、ひと昔前の日本人もアジアで同様のヒンシュクを買っていた。孔子の時代の中国は、政治家のちょっとした振る舞いが外交上の問題となり国の存亡に関わる時代だったから、孔子は亡命先の諸外国でも極めて慎重に振る舞っている。この章句はそうした孔子自身の体験を踏まえたものでもあったのだろう。

海外に派遣される現役のビジネスマンはもとより、第二の人生を海外で送ろうと考えるリタイア者も身につけておきたい鉄則である。

コラム『論語』と孔子のこぼれ話

孔子世家《こうしせいか》

—ギネス認定の世界最長家系図—

中国山東省には、連綿と続く孔子の家系図「孔子世家譜《こうしせいかふ》」の増補改訂《ぞうほかいてい》を行う団体があります。

明《みん》代以降、孔子の家系図は定期的に見直され、大規模改訂は60年に1度、小規模改訂は30年に1度行われることになりました。しかし戦乱などの理由により、大規模改訂は明《みん》の天啓《てんけい》年間、清《しん》の康熙《こうき》年間と乾隆《けんりゅう》年間、1930年代の4回しか行われませんでした。そこで1999年から大規模改訂が行われ、2009年に完成、出版されました。

孔子の末裔《まつえい》は現在、世界中に300万人以上いると推定されています。今回の改訂では、その中からはじめて女性と少数民族や外国籍の末裔が収録され、最終的には200万人以上が収録されました。

紀元前500年頃から現代まで、孔子一族に伝承されてきた「孔子世家譜」は2500年もの長い歴史があり、保存状態も完璧です。こうした家系図は、それだけで素晴らしい歴史的価値をもっています。この長大な家系図は、2005年に英ギネス・ワールド・レコーズ社によって、世界一長い家系図として認定されています。

◉就職と仕事

人生に運不運はつきもの、努力と精進で乗り越えろ

子曰《しい》わく、人《ひと》の己《おの》れを知《し》らざることを患《うれ》えず、人《ひと》を知《し》らざることを患《うれ》う。

【学而第一―十六】

子曰、不患人之不己知、
患己不知人也、

訳

世間が自分を知ってくれないことを嘆く前に、自分が他人を知らないことを嘆くのが先だろう。

子曰《しい》わく、賢《けん》を見《み》ては斉《ひと》しからんことを思《おも》い、不賢《ふけん》を見《み》ては内《うち》に自《みずか》ら省《かえ》りみる。

【里仁第四―十七】

子曰、見賢思斉焉、見不賢而内自省也、

訳

自分より優れた者を見たらひがんだりせずに、自分もああなろうと努力することだ。自分より劣った者を見たら、自分にも同じ欠陥がありはしないか反省してみることだ。

解説

人生に生かすヒント

孔子自身の挫折体験から発せられたこれから社会に出る者への忠告

孔子の学塾は現在のハローワークや人材派遣業を兼ねているような存在で

あった。孔子の教育を受けた者は引っ張りだこで、そのため学問の修業よりも就職を目当てに入門してくる者も少なくなかった。

孔子は「最近の入門者は三年も学ぶと、どこかよい就職口を斡旋《あっせん》してくださいと言い出す」とグチっている。それでも孔子は、儀礼を守って入門を請う者は国籍や身分に関係なく誰でも入門させるとも述べている。ちなみに当時の入学金や授業料は、干し肉や穀物などの現物が主だった。

さて、ふたつの章句は世に出ようとする者への心構えを説いている。就職や出世にはたしかに運不運がつきまとう。エッなんであいつが選ばれて自分はダメだったんだという思いは、ビジネスマンなら誰もが一度や二度は経験しているだろうが、そうしたときの諫《いさ》めでもある。

落ち込んだときにグチのひとつも言いたくなるのは人情であるし、ヤケ酒を飲んでウサを晴らすのもウツを回避するひとつの方法であるかもしれない。だが、そこにとどまっていてはダメなことは言うまでもない。

孔子は「物ごとを成就《じょうじゅ》させるというのは、自分で山を築くようなものだ。あとひと積みで完成するというのにそれを怠って未完に終わらせるか否《いな》かは、みな当人のやる気ひとつにかかっているのだ」（子《し》罕《かん》第九－十九）と述べて、たゆみない精進をうながしている。

孔子は五十歳になってようやく世間に出られた苦労人だったが、その間には何度も壁にぶち当たったり挫折しかけた体験があったのだろう。ふたつの章句とも、そうした孔子の長年にわたる体験に裏打ちされているから、単なる教訓や説教でない説得力があるのだ。

◉就職と仕事

出世亡者にロクな奴はいない

子曰《しい》わく、鄙夫《ひふ》は与《とも》に君《きみ》に事《つか》うべけんや。
其《そ》の未《いま》だこれを得《え》ざれば、これを得《え》んことを患《うれ》え、
既《すで》にこれを得《え》れば、これを失《うし》なわんことを患《うれ》う。
苟《いやし》くもこれを失《うし》なわんことを患《うれ》うれば、至《いた》らざる所《ところ》なし。

【陽貨第十七－十五】

子曰、鄙夫可与事君也与哉、
其未得之也、患得之、
既得之、患失之、
苟患失之、無所不至矣、

訳

腹の据わっていない者とは一緒に仕事はできないね。そういう連中は、出世できない間はグチばかりこぼすし、いったん出世するとその地位を失うまいと地位にしがみつく。

地位を守るために何をしでかすかしれやしないんだから。

解説

人生に生かすヒント

孔子の実体験から発せられた言葉は、地位や出世にこだわり不善を為す人間への怒り

この章句には、孔子が下級役人として永い下積み生活をしてきた体験にも

とづく切実感がある。

孔子のあとの思想家となると、はじめから思想家として生きることを目的にしており、いわゆるサラリーマン生活や労働者としての実体験をしていない者が多い。そうした者の書いたものを読むと、言葉やキャッチフレーズはきらびやかでもっともらしく聞こえはするが、孔子と同じような真理を語っているにもかかわらず、伝わってくる重みに雲泥《うんでい》の差が感じられるのだ。

この違いは何といっても、孔子の言葉には永い実践体験の裏打ちがあるからだろう。

この章句は、現代社会にもそっくり当てはまるではないか。「ああ、うちの会社にもいるいる」と声を上げたくなる読者も少なくないはずだ。とりわけ不正を行うような企業の社長を取り巻いている幹部連中や、不祥事を起こしたり天下りに熱心な高級官僚の実態そのものだ。

そう考えると、孔子が生きた時代から現代までの二五〇〇年間に、人間はさして進歩していないと言えそうだ。政治体制が変わり文明は進歩したが、それだけでは人間性は一向に変わらず、不正や不善は温存されてしまうのかもしれない。

孔子はそんな人間の習性を熟知していたから、弟子たちに道徳的自覚と実行を絶えず促し、自分自身が手本となって道徳を地道に広めていくことに生涯を捧げたのだ。

それにしても「至らざる所なし」（底なしだ！）という孔子の表現は何とも痛快であり、同時に孔子の憤怒が直接伝わってくるようだ。

◉就職と仕事

周囲を観察して自身の成長の糧とせよ

子張《しちょう》、禄《ろく》を干《もと》めんことを学《まな》ぶ。
子曰《しい》わく、多《おお》く聞《き》きて疑《うたが》わしきを闕《か》き、
慎《つつ》しみて其《そ》の余《よ》を言《い》えば、則《すなわ》ち尤《とがめ》寡《すく》なし。
多《おお》く見《み》て殆《あや》うきを闕《か》き、
慎《つつ》しみて其《そ》の余《よ》を行《おこ》なえば、則《すなわ》ち悔《くい》寡《すく》なし。
言《げん》に尤《とがめ》寡《すく》なく行《こう》に悔《くい》寡《すく》なければ、禄《ろく》は其《そ》の中《うち》に在《あ》り。

【為政第二―十八】

子張学干禄、
子曰、多聞闕疑、
慎言其余、則寡尤、
多見闕殆、
慎行其余、則寡悔、
言寡尤行寡悔、禄在其中矣、

訳

弟子の子張が「どうしたら高給が得られるようになりますか？」と質問したので、こう教えたよ。

「人の言葉を耳にして、疑わしいものを除いて正しいものに従えば、上司から文句を言われずに済む。人の行動をいろいろ観察して、危なっかしいものを除いてよいと思える行動をとれば、仕事上の後悔をしないで済むようになる。言葉でも行動でも後悔や失敗がなくなれば、求めなくても高給は得られるものだよ」と。

解説

人生に生かすヒント

人とふれ合い、人から学ぶことで、スキルアップに必要な力が身につく

この章句も、自分を向上させる手立ては自分の周囲のいたるところにある、という孔子の従来の主張を述べている。と同時に、人が学ぶのは人を通じてがいちばんであるという大原則を示してもいるのだ。

少しでも高い地位や給料を得るためにと、ビジネスマンの間でも資格試験が大流行だが、そのために学校へ通いスキルアップに励むのもひとつの手ではあるだろう。だが、ただ資格を取るために学校に通っているだけでは、身につくものはわずかしかない。苦労して司法試験に受かり弁護士登録をしたものの、年収がサラリーマン時代の半分にも満たないハイスキルプアになってしまったなどという悲劇もいまでは珍しくない。

学校や会社が有益なのは、そこで数多くの人間と接触でき、人間を見る目を養えるからなのだ。それを怠ったのでは真のスキルアップはできない。知

識を得たり作業をするだけならば、家に籠《こ》もってひとりでパソコンに向かっていてもできる。アメリカではそうした在宅での労働形態が新時代のスタイルとして導入され、ビジネスマンも家族も時間のやりくりが好きなようにできると喜んでいたが、結局は週に何日かでも会社に行くことで生活にメリハリがつくことがわかったようだ。

〝人は人の中にあって人となる〟というのが、孔子の不変のスタンスだった。我々はとかく目的達成のために目がくもりがちになる。出世や高給を目的とすると、何かそのための秘策があるように思え、そうした秘策を説いたハウツー本を買い漁《あさ》ったり、教育投資に無我夢中になってしまいがちだ。

しかし孔子は「あせるには及ばない。スキルアップの秘訣はまわりの人間をじっくり観察してみることだよ」と教えているのだ。

部下をもったらジェネラリストたれ

子曰《しい》わく、君子《くんし》は器《うつわ》ならず。

【為政第二―十二】

子曰、君子不器、

訳 人を指導しようとする者は小器用であってはだめだぞ。

解説

人生に生かすヒント

スペシャリストとして活躍した永い下積み生活が孔子の能力を磨いた

論語は五一二の章句から成っているが、いちばん短いのは「席不正不坐、席正しからざれば坐せず（席がきちんとしていなければ坐らない）」の五文字からなる章句で、次いで短い六文字からなる章句のひとつがこれである。この章句は短いが、上司のありようについて述べた含蓄《がんちく》のあるものである。

器用貧乏という言葉がある。人間はあまりに器用だと便利屋さんとして使われて大成しないという意味だが、上司があまりに器用だと部下のちょっとしたミスが目について、当人も部下もイライラして良好な関係を築けないことが少なくない。

また、名選手必ずしも名コーチならずとも言われる。これも天性の才のある者は、逆に才能の乏しい者を養い育てる忍耐力に欠けるから、うまくできない選手に対し、「なんでそんなことができないんだ！」と声を荒らげる結果になりがちだ。

　仕事に関しては昔からジェネラリスト（広範囲にわたる知識や技術、経験をもつ人）とスペシャリスト（特定分野について深い知識や高い技術をもつ人）の問題がある。第一線の現場で仕事をする者に求められるのはスペシャリストの能力である。しかしスペシャリストを現場に派遣したり、適切な作業を命じる者に求められる能力は、仕事全体を見渡せるジェネラリストとしての能力である。

　若いうちは与えられた仕事のスペシャリストを目指し、地位が上がり部下を持つようになるに従いジェネラリストの能力を磨いていくことが肝心であるぞ、というのが孔子の真意だったろう。孔子はまさにそのようにして大成したのだ。孔子はさまざまな分野のスペシャリストだったが、それは下積み生活が永すぎたからそうなったのだと弁解している。

　スペシャリストであることを恥じる必要はまったくない。その道の第一人者として活躍しつづけることもまたすばらしい。ところが、ジェネラリストとして働かなければならない地位に就いてもスペシャリスト根性を丸出しにして未熟な部下を怒鳴りつけたり、自らシャシャり出て部下の仕事を奪っているいる上司がいるが、それでは技術の伝承もできず部下を腐らせて終わってしまうだけだ。

◉就職と仕事

ダメ上司は部下も会社も自分自身もダメにする

子曰《しい》わく、君子《くんし》は事《つか》え易《やす》くして説《よろこ》ばしめ難《がた》し。
これを説《よろこ》ばしむるに道《みち》を以《もっ》てせざれば、説《よろこ》ばざるなり。
其《そ》の人《ひと》を使《つか》うに及《およ》びては、これを器《うつわ》にす。
小人《しょうじん》は事《つか》え難《がた》くして説《よろこ》ばしめ易《やす》し。
これを説《よろこ》ばしむるに道《みち》を以《も》てせずと雖《いえど》も、説《よろこ》ぶなり。
其《そ》の人《ひと》を使《つか》うに及《およ》びては、備《そな》わらんことを求む。

【子路第十三－二十五】

子曰、君子易事而難説也、説之不以道、不説也、及其使人也、器之、小人難事而易説也、説之雖不以道、説也、及其使人也、求備焉、

訳

立派な上司には仕えやすいが喜ばせるのはむずかしい。道理にかなった仕事ぶりでないと喜んでくれないからだ。だが、部下を適材適所で使ってくれるから仕えやすい。

一方、ダメ上司は喜ばせるのは簡単だが仕えるのはむずかしい。なぜなら、どんな不正な方法でも利益を上げさえすれば喜んでくれるからだ。しかし、部下の能力などお構いなしにこき使うから仕えるのは大変だ。

解説

人生に生かすヒント

部下を万能ロボットのように扱わず、自信とやる気をもたせるのがよい上司

これも上司のありようについて述べたものだが、この章句にあるような立派な上司はめったに——どころかほとんど存在せず、ダメ上司ばかりだというのが大方のビジネスマンの本音ではないだろうか。上司が部下の仕事の結果だけを見て過程をまったく評価しなければ、部下は成績を上げるためならばどんな不正にでも手を出しかねない。そうなったら結局は上司のクビを絞めることにもつながるのだ。

孔子は上司の条件として、エコひいきをしないことを第一に挙げている（君子は周して比せず）が、能力のない上司に限ってエコひいきをして、気に入らない部下に苦手な仕事を押し付けて部下つぶしに熱中するものだ。しかもそれを部下に対する教育だなどと公言するものだ。その結果、企業全体の仕事の能率アップの防げとなり、部下をノイローゼや自殺に追い込んだり

しているのだから、こうした上司ほど始末におえない者はいない。
孔子はダメ上司の習性として、「其の人を使うに及びては、備わらんことを求む」と、部下を万能ロボットと思ってはダメだとも述べている。つまり、部下に部下が得意とする仕事を任せれば能率も上がり、部下も自信を得て苦手な仕事へも挑戦するようになるのである。

孔子は部下を褒《ほ》めるときも叱るときも、具体的な点を指摘して褒めたり叱ったりすべきであるとも述べている。これもその通りだろう。叱るときに感情にまかせて怒鳴るなどというのは論外だが、褒めて育てるのがよいからとただ褒め上げていたのでは、これまた部下をだらけさせるだけで終わってしまうだろう。

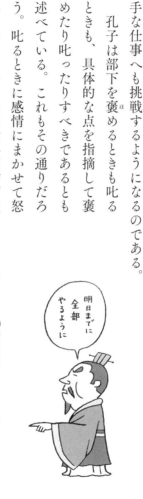

最後に勝つのは言葉よりも行動力

子曰《しい》わく、君子《くんし》は言《げん》に訥《とつ》にして、行《おこない》に敏《びん》ならんことを欲《ほっ》す。

【里仁第四—二十四】

子曰、君子欲訥於言、而敏於行、

訳

人の上に立つ者は、言葉が巧みでなくてもよいから行動は敏速であってもらいたいものだ。

君《きみ》、命《めい》じて召《め》せば、駕《が》を俟《ま》たずして行《い》く。

君命召、不俟駕行矣、

【郷党第十―十七】

訳

先生は、主君からお呼び出しがあると馬車の用意が整わないうちに出発された。

解説

人生に生かすヒント

たとえムダに見えることでも相手への気配りを行動で示せ

孔子の学塾ではディベートや弁論術も教えていたが、孔子が何よりも重んじたのは表面的な技能《スキル》でなく気構えや気配りだった。

ビジネスにおいて弁舌の才が重要であることは言うまでもない。ときには心にもないリップサービスも必要かもしれない。しかしリップサービスで成功したからといって、それに終始していれば自ら破滅を招くのもまた、目に見えている。第一、心からの言葉でなければ、何を言ったとしても肝心の行動がともなわないはずだ。

孔子はまた、昔の人が言葉に慎重だったのは、自分の言葉に実行が追いつかないのを恥としたためだとも述べている。最期に勝利するのは雄弁よりも行動力である。それを述べたのが第一章句だ。

第二章句は、行動は敏速であるべきということの具体的な実践が、孔子自身の行動で示されている。

主君からの急な呼び出しがあると、孔子は身支度を整えるとすぐに家を飛び出した。馬車に馬をつけるには時間がかかる。それを待っていなかったのだ。しかし準備ができた馬車は走り出せば速い。結局はすぐに孔子に追いついて孔子を拾っていくのだから、馬車を待たずに歩き出す孔子の行為はムダに思える。

だが孔子はそうではないと言う。結果的にはムダな行為に見えようとも、主君に呼ばれて一刻も早く馳せ参じたいという思いは、必ず主君に伝わると言うのだ。孔子は客を送り出したあとは、客が振り返るか否かを問わず、客の背中に向かってもう一度頭を下げるのが礼儀だとも述べている。

口八丁手八丁だけでは世の中を渡ってはゆけない。ビジネスマン諸氏にもぜひ身につけていただきたい心がけだ。

◉品位

常に余力がもてるよう日頃から自己研鑽を

子曰《しい》わく、吾《わ》れは猶《な》お史《し》の文《ぶん》を闕《か》き、馬《うま》ある者《もの》は人《ひと》に借《か》してこれに乗《の》らしむるに及《およ》べり。今《いま》は則《すなわ》ち亡《な》きかな。

【衛霊公第十五‐二十六】

子曰、吾猶及史之闕文也、
有馬者借人乗之、
今則亡矣夫、

訳

昔の歴史家は自分が判断できないところは余白のままに残しておいて、あとの時代の有能な者が書き込めるようにしておいたものだ。また自分が乗りこなせない馬をもっている者は、自分より巧みな乗り手に貸し与えたものだ。そういう奥ゆかしさは、いまではすっかり廃れてしまったね。

解説

人生に生かすヒント

ちょうどよい加減の〝中庸〟は本当の実力が身についてこそできる

仕事で一〇〇パーセント自分の力を出し切ることは大切だが、だからといって、何でも「オレがオレが」と乗り出したり、力に余裕があるときに競争相手を完膚《かんぷ》なきまでに追い詰めるようなやり方をしてはいけない。孔子は何ごとにも中庸《ちゅうよう》が大切であると述べている。

中庸というと左右を意識して中間と考え、そこからどっちつかずの曖昧《あいまい》な態度といったマイナスイメージを抱く者が少なくないが、孔子の言う中庸とは、左右でなく、行き過ぎず、足りなすぎずという前後の関係を意味するものである。

孔子はまた、「過ぎたるはなお及ばざるがごとし」とも言っている。物事はやり足りなくてはいけないが、やり過ぎてもいけない。そのほどを見極めるのが肝心なのだと述べているのだ。

毎日の食事を例にとっても、中庸のむずかしさは万人の認めるところである。小食も過食も、過ぎればどちらも身体を害する。しかし、よほどの精神力がない限り自分の胃袋ひとつ制御できないのが人間というものだろう。

何ごとに対しても余裕をもって臨めるだけの能力を日頃から養っておくことは、孔子が繰り返し述べている教えだが、そうした余裕があってはじめてこの章句に述べられているような行為ができるのだ。

逆に余裕のない人間がこんなことをしても、ただの仕事の怠けや臆病と思われかねない。同じ行為が奥ゆかしい行為と見られるか否かは、つまり品位は生まれつきなどではなく、日頃の自己研鑽《けんさん》によって生み出されるものであるからだ。

コラム『論語』と孔子のこぼれ話

没後に追贈《ついぞう》された孔子の封号《ほうごう》

儒教の大聖人として、キリスト、釈迦《しゃか》と並ぶ世界三聖に数えられる孔子ですが、生涯のほとんどは無冠のまま、儒家の間では「素王《そおう》」と呼ばれています。しかし儒教が国教化された漢代以降は、各王朝の皇帝からさまざまな封号が孔子に追贈されました。

唐《とう》代に「文宣王《ぶんせんのう》」と贈られて以降、宋《そう》代に「至聖《しせい》文宣王」と改称し、明《みん》代に「至聖先師」、清代に「大成至聖文宣先師孔子」から「至聖先師孔子」などと改められてきました。

時の皇帝たちが抱いた孔子への敬意はその子孫に対しても及びます。高祖《こうそ》・劉邦《りゅうほう》が爵位を与えたのをはじめ、前漢皇帝のなかで最も儒教に傾倒した元《げん》帝は、子孫の孔覇《こうこ》に「褒成《ほうせい》君」を、平《へい》帝は孔均《こうきん》に「褒成候」を、宋代になると仁宗が孔《こう》宗愿《せいげん》に「衍聖《えんせい》公」を授与。この称号は清朝まで代々受け継がれていきます。山東省曲阜《きょくふ》にある孔府《こうふ》は旧称を衍聖公府といい、子孫たちの住居兼官庁でした。

また孔子の子孫には、食邑《しょくゆう》といわれる領地も与えられました。孔子の祭祀《さいし》を絶やすことのないよう、経済的にも手厚い保護を行っていたのです。「褒成候」孔均は、平帝に食邑2000戸を賜《たまわ》っています。

◉品位

逆境に立ったときにこそ人の本性は現れる

子曰《い》わく、歳寒《としさむ》くして、然《しか》る後《のち》に松柏《しょうはく》の彫《しぼ》むに後《おく》るるを知《し》る。

【子罕第九―二十九】

子曰、歳寒、
然後知松柏之後彫也、

訳

寒い季節になってはじめて、松や柏が落葉せずにいることに感心させられるものだ。

子曰《しい》わく、貧《まず》しくして怨《うら》むこと無《な》きは難《かた》く、富《と》みて驕《おご》ること無《な》きは易《やす》し。

【憲問第十四―十二】

子曰、貧而無怨難、富而無驕易、

訳

貧乏であって怨みがましいことを言わずにいられるのはむずかしいことだ。金持ちで驕《おご》り高ぶらないのはまだしも実行しやすいがね。

解説

人生に生かすヒント

失敗したときに人の本性が出るから浮沈苦楽のときも平常心をもつことだ

ふたつの章句は、人間の品位は苦境に立たされたときに現れるものであることを指摘している。

これは誰もが体験的に知っていることだ。たとえば仕事で失敗したときにどのように対応するかを見れば、その人間の品位はもとより将来の姿まで判定できるものだ。勝負ごとでも、勝ったときより負けたときにその人の本性が現れる。

ちなみに孔子の時代の人は血気盛んだったから、勝負ごとで血を見ることもまれではなかったようで、孔子は弓以外の勝負ごとを斥《しりぞ》けている。弓ならば的に当たるも当たらぬも自分自身の責任であり、相手を怨む必要がないからだ。

孔子の弟子の中では顔回《がんかい》がもっとも貧しい暮らしをしていたが、貧乏を楽しむ風情さえ見せて学問に励んでおり、孔子は彼を最愛の弟子としている。もっとも顔回は貧乏をしすぎたせいか早死にして孔子を落胆させているから、貧乏にも程度が肝心なようだ。

いずれにせよ人生には浮沈苦楽はつきものだが、いずれの状態にあっても平常心で居られるのが品格というものだろう。

孔子は亡命中に敵と間違えられて軍隊に取り囲まれて危機一髪の状態に立

たされているが、顔色ひとつ変えずに、浮き足立つ弟子たちを鎮《しず》めている。

品格を保つには胆力も肝心である。

明《みん》の崔銑《さいせん》は『六然《りくぜん》』の中で「得意澹然《たんぜん》・失意泰然《たいぜん》」（得意のときには無欲で心を安らかに保ち、失意のときにはジタバタせずにどっしりと構えよ）と述べているが、現代にも通用する教訓だ。

◉品位

道義を忘れた金儲け主義は嫌われる

子曰《しい》わく、利《り》に放《よ》りて行《おこ》なえば、怨《うら》み多《おお》し。

【里仁第四－十二】

子曰、放於利而行、多怨、

訳 利益にばかり夢中になって行動すれば、後悔するような事態になるぞ。

子曰《しい》わく、君子《くんし》は義《ぎ》に喩《さと》り、小人《しょうじん》は利《り》に喩《さと》る。

【里仁第四－十六】

子曰、君子喩於義、小人喩於利、

訳

君子は道義に敏感だが、小人物は利益に敏感なものだ。

解説

人生に生かすヒント

ビジネスの目的と手段が曖昧だった利にばかり敏感だった時代の寵児の悲劇

以前、インサイダー容疑で逮捕された投資ファンドの主催者が、記者に詰め寄られた際に「金儲けは悪いことなんですか？」と開き直り、それがテレビに放映されて話題になったことがあった。

彼はそれまでもさまざまな企業の株主総会で挑発的な発言をして話題をまいていたが、それは日本企業の株主配当が少なすぎるのを是正するための行為であると主張して、多くの賛同者を獲得していた。

しかし、この発言でそれまでの言動がただの株価吊り上げ目的でしかなかったことがバレてしまい、一挙に人気を失ってしまった。

金儲けはべつだん悪いことではない。しかし、金儲けというのは何かをしたいという願望や目的を達成するために行うものであって、ただ金を儲けたいために金儲けをするというのは本末転倒な話だ。何より、手段と目的を曖《あい》昧《まい》にしていると、不正に利益を上げることにも目を瞑《つむ》り、結局は自分の首を絞めることになりかねないものである。

目的がなく金儲けをするものだから、儲けた金をどう使ってよいかもわからない。高級クルーザーを買ったり自家用ジェット機を買ったりしても、それを使って遊ぶヒマも仲間もいないというのでは、喜劇を通りこして悲劇というほかない。

ご当人がそれで満足しているのなら端でとやかく言う筋合いでもないのだろうが、そうした金儲けは品位に欠ける行為だと指摘しておいたほうがよさそうだ。昔の成金《なりきん》もずいぶんバカげたことをしているが、庭園や美術コレクションをいまに残してくれたりもしている。

目的を持った金儲けならば人々の共感も得られるし、不正に走らずにもすむ。

◉家庭と私生活

弱い立場の者には気を遣うべし

子曰《しい》わく、唯《た》だ女子《じょし》と小人《しょうじん》とは養《やし》ない難《がた》しと為《な》す。
これを近《ちか》づくれば則《すなわ》ち不孫《ふそん》なり。
これを遠《とお》ざくれば則《すなわ》ち怨《うら》む。

【陽貨第十七－二十五】

子曰、唯女子与小人、為難養也、
近之則不孫、
遠之則怨、

訳

小間使いの女性と下働きの者を扱うのはむずかしい。近づけすぎると無遠慮になり、離しすぎると恨《うら》みごとを言う。

解説

人生に生かすヒント

気配りの人であった孔子のように立場の異なる人にも気遣いを忘れない

この章句は「女と子どもは手に負えない。甘やかせばつけ上がり冷たくすれば怨む」と訳して、孔子が男尊女卑のかたまりであった証拠とされたりもしている。しかし女というのは小間使いの女性であり、使用人という弱い立場の者を使うには気を遣うべきだ、と喚起《かんき》しているのだと読むべきだろう。

小人というのは、『論語』では君子と反対の教養のない、取るに足らない人物を意味していることが多い。

孔子は「大人物は人の長所を伸ばし、欠点を小さくする手助けをするが、ケチな小物（小人）は、その逆ばかりやりたがる」と述べているが、また

「小人は大きな仕事を任せられないが、細々とした仕事には存外才能を発揮するものだ」と評価をしてもいるのだ。

晩年の孔子の家には大勢の弟子が出入りしており使用人も大勢いたろうから、そうした者を分け隔てなく扱うのはなかなか気苦労がいることだったろう。しかし、現代の日本では、同じ仕事の現場に正社員・パートタイマー・派遣社員などさまざまな立場の者が入り交じっており、円滑な協力関係を築くのは孔子の時代以上にむずかしくなっている。

ところで、孔子は子どもが一男一女おり、娘は弟子に嫁《か》している。男児の鯉《り》は素直な性格ではあったようだが孔子が期待したほどの才能はなく、孔子が死ぬ四年ほど前に五十歳で亡くなっている。それでも孔子は家ではのびのびとくつろいでいる様子だったというから、長子に先立たれた不幸を達観《たっかん》して精神的には落ち着いた晩年を送っていたのだろう。

孔子は仕事一点張りではなく、家庭生活重視の人だったのだ。

◉家庭と私生活

仕事を離れて楽しめる趣味をもて

子《し》、人《ひと》と歌《うた》いて善《よ》ければ、必《かなら》ずこれを反《か》えさしめて、而《しか》して後《のち》にこれに和《わ》す。

【述而第七－三十二】

子与人歌而善、必使反之、而後和之、

訳

先生は人と歌を唄われ、相手が上手だと繰り返させて合唱された。

解説

人生に生かすヒント

多彩な趣味をもち人生を楽しめば、人間としての幅も広がる

孔子は多才だった。詩や歌が好きで、弓が得意で御車も上手だった。御車とは、当時は戦場でも馬に直接またがるのではなく、馬に引かせたひとり乗りの馬車（チャリオット）で戦うのが一般的であり、孔子は武人としての能力も身につけていたのだ。詩や歌というのも教養の一環ではあったが、孔子の趣味でもあった。孔子は若い頃には音楽に没頭して、食事の味も忘れるほどだったと述懐している。

ほかに釣りや狩りを楽しんでいる。当時は現在よりもはるかに自然が豊かであり、孔子はいわば野生児として自然に接して成長しており、体格もよかったから力や俊敏さも抜群だったと考えられる。酒もかなり強かったようで、乱れるほどには飲まなかったというが、その寸前ぐらいまでは飲んだのだろう。晩酌も楽しんでいる。服装にも気を遣い、なかなかのおしゃれだった。

いずれにせよ、後世に神格化されるようなガチガチの堅物《かたぶつ》の学者や聖人などではなく、大いに人生を楽しんでいたのだ。孔子は五十歳で世間に名を成すまで永いこと不遇だったが、それを乗り切れたのは多方面の趣味によってだったろう。

仕事一筋でなく、仕事と無関係な趣味をもつことは、仕事の息抜きとしてばかりでなく仕事にも役立つものだ。人間としての幅が広がったり、新しい発見やアイデアが見つかることもある。退職したら趣味をもてと言われるが、退職してから趣味を見つけようとしても見つかるものではない。早いうちから趣味をもつよう心がけるにこしたことはない。

◉家庭と私生活

家の外でも内でも変わらず人格者たれ

厩《うまや》焚《や》けたり。
子《し》、朝《ちょう》より退《しりぞ》きて曰《い》わく、人《ひと》を傷《そこな》えりや。
馬《うま》を問《と》わず。

【郷党第十―十三】

厩焚、
子退朝曰、傷人乎、
不問馬、

訳

先生の留守の間に馬屋が火事になって愛馬が死んだ。朝廷から戻られた先生は報告を聞くと、「で、怪我《けが》人はいなかったのか?」と質問されたが、馬については何もおっしゃらなかった。

解説

人生に生かすヒント

落語の『厩火事』でも知られる人間重視の孔子の心がわかるエピソード

当時、馬は貴重品である。さしずめ今日の最高級外車だ。

あるとき、主人が留守の間に運転手が主人のお気に入りの高級外車を乗りまわしていて、交通事故を起こしてスクラップにしてしまった。そこへ主人が帰ってきたので、秘書がおそるおそる報告したときに主人から、「それで運転手には怪我はなかったのかい?」と言われれば、運転手はもとよりほかの使用人も、この主人のためならば一命を投げ出しても構わないという気持ちになるだろう。

戦国時代になると、武将たちは兵士が命を惜しまず戦うようにさまざまな演出をして兵士の気を引いている。兵法家の呉起《ごき》は、将軍として戦場にいるとき、兵と同じ服を着、同じ物を食べ、悪性のできものを病む兵がいればその膿《うみ》を吸い出してやったりもした。もちろん、計算づくの行為だ。しかし、この章句の孔子の態度にはそうした下心がまったく感じられない。

もっとも、名馬ほど火を恐れるというので馬は焼け死んだと解釈されているが、意外に馬も無事だったのかもしれない。それにしても、とっさのときに自分の馬よりも人の身に気が回るというのは、孔子が日頃から人間重視の心構えで生きていた何よりの証拠だろう。

有名人のなかには、外では立派なことを言っていても家では暴君などというのが少なくないが、孔子は外でも内でも分け隔てなかったのだ。

この章句は『厩火事《うまやかじ》』という演題で古典落語のネタになっており、先代の桂文楽の十八番だった。ぜひご鑑賞をおすすめしたい。

コラム『論語』と孔子のこぼれ話

昔の中国人は いくつもの名前をもっていた

古代中国人の名前は、姓・氏・名（死後は諱《いみな》）・字《あざな》があり、なかなか複雑です。姓は血縁関係にある一族全体の呼称で、氏は先祖や職業・居住地によってつけられた呼称です。名は生まれたときに、字は20歳の元服時につけられます。

周代と春秋戦国時代の命名法には、いくつかの原則がありました。たとえば子どもの容貌に似た物の名にちなんだ命名です。孔子は生まれたときに頭の中央が窪《くぼ》んでいて尼山《にざん》に似ていたため、名を「丘《きゅう》」、字を「仲尼《ちゅうじ》」とつけられました。

ほかには、その子が生まれたときの身体的特徴による命名です。春秋五覇の晋《しん》の文《ぶん》公の子（後の成《せい》公）は出生時、尻に黒い点があったので「黒臀《こくとん》」と名づけられました。出生時の出来事に関連しての命名もよく行われました。孔子の長男は名を「鯉《り》」、字を「伯魚《はくぎょ》」といい、誕生祝いに立派な鯉を贈られたことから名づけたとされます。

ちなみに孔子の字である仲尼の「仲」は兄弟の2番めを表す字で、日本の太郎・次郎・三郎……に当たるのが、中国では「伯《はく》・仲・叔《しゅく》・季《き》」の字になります。日本で親の兄弟姉妹を、親より年上なら伯父・伯母、年下なら叔父・叔母と使い分けるのは、これに由来しています。

◉学問と学習

普通の人間だからこそ学習と実行で自分を磨け

孔子《こうし》曰《い》わく、
生《う》まれながらにしてこれを知《し》る者《もの》は上《かみ》なり。
学《まな》びてこれを知《し》る者《もの》は次《つ》ぎなり。
困《くるし》みてこれを学《まな》ぶは又《ま》た其《そ》の次《つ》ぎなり。
困《くるし》みて学《まな》ばざる、民《たみ》斯《こ》れを下《しも》と為《な》す。

【季氏第十六－九】

孔子曰、
生而知之者、上也、
学而知之者、次也、
困而学之、又其次也、
困而不学、民斯為下矣、

訳

生まれながらにして物事の道理を知っているのが最高だが、その次は学んで知る者だ。苦境に落ち入ってから学ぶ者はその次で、苦境に落ち入っても学ぼうとしないのは最低だな。

解説

人生に生かすヒント

〝できない〟は〝やらない〟の言い訳、教育者・孔子が説く〝学ぶ〟ということ

孔子は永年にわたって多くの弟子を育てた経験から、天才ととびっきりの怠け者は教育によっても変えられないと述べている。

孔子が教育の対象としたのは、普通程度の能力の人間だった。孔子はこの章句で普通の才能の持ち主に対して、考えながら行動し行動しながら考えるという、学習と実行の不即不離の関係を提唱しているのだ。

何かを始めようとする場合に事前に予備知識を蓄えておくことは大切だが、予備知識にばかりエネルギーを注ぎ込んで疲れ果ててしまったり、考え過ぎて石橋を叩いた末に結局、渡るのをやめてしまうようなことにならないよう、孔子は忠告してもいるのだ。

孔子は「三度考えてから実行するのはいかがでしょうか?」という弟子の問いに対して、「再びせばこれ可なり」(二度考えればよい)と答えている。「自分は力不足なので、できません」と言う弟子に対しては、〝できない〟というのは途中までやって、ぶっ倒れた者の言葉であり、そうでなければ〝やらない〟の言い訳だと諌《いさ》めたりしているのだ。

また「過ちて改めざる、これを過ちという」(失敗をしたときに失敗を改めようとしないのを本当の失敗というのだ)と述べ、失敗を恐れて行動しない消極的態度を否定している。

苦境に落ち入っても学ばない者は、自分の知識が足りないことに気づいていないのだ。そうした者に限って自分は運が悪かった、勉強など机上の空論だとクサして学ぼうともしないものだが、孔子はそうした人物を、「知らないということを知らない者である」と指摘している。

◉学問と学習

知識の習得や習熟は楽しむ境地まで高めよ

子曰《しい》わく、古《いにし》えの学者《がくしゃ》は己《おの》れの為《た》めにし、今《いま》の学者《がくしゃ》は人《ひと》の為《た》めにす。

【憲問第十四－二十五】

子曰、古之学者為己、
今之学者為人、

訳

昔の学ぶ者は自分の修養のために学んだものだが、いまの学ぶ者は他人に知識をひけらかしたいために学んでいる。

子曰《しい》わく、これを知《し》る者《もの》はこれを好《この》む者《もの》に如《し》かず。
これを好《この》む者《もの》はこれを楽《たの》しむ者《もの》に如《し》かず。
【雍也第六－二十】

子曰、知之者不如好之者、
好之者不如楽之者、

訳

物ごとを知っただけではそれを好む者に及ばない。好んだだけでは楽しむ者には及ばない。

解説

人生に生かすヒント

積極的に学んで知識を増やすのはいいが、はた迷惑な知識自慢と嫌われぬよう自戒を

第一章句は多くの読者が体験していることだろう。「ゴルフを始めました」などと言った途端に、教えたがり病の先輩につかまり閉口した経験など日常茶飯事だろう。仕事上でも、ちょっと教えてもらおうと質問したら、ほかのことまで延々と教えられて、かえって時間をロスして仕事に支障をきたしたといった例も数限りなくあるはずだ。

そうした行為を自分がされるとウンザリしたりイライラしたりして記憶に残るが、自分がしているときには親切のつもりでやっているから、歯止めが利かなくなるものだ。「小さな親切、大きなお世話」にならないよう自戒が肝心だ。

そのためには第二の章句を実行することだろう。この章句は、物ごとに関しての知識を得たならば、次には知っているだけでなく好きになる段階をめざそう、好きになる段階に達したならば次には楽しむ境地にまで進もうと促していて、物ごとに熟達する深さを示しているのだ。そうした深さに気がつけば、他人に知識をひけらかしたり自慢しているヒマはなくなる。

年をとってもなお学問への意欲が旺盛だった孔子は、自分のことをこう言っている。「わたしは学問に発憤して食事を忘れ、老いが忍び寄っていることも気づかないほどだ」と。

何にせよ楽しむ段階に到達するのはむずかしい。若手のスポーツ選手が「楽しんできま〜す」などと気軽に言って、海外遠征に出発して惨敗して帰ってくることが少なくないが、彼等はまだ知る段階も身につけていないのではなかろうか。

◉政治

政治家は自ら正道の実践を示すべし

子曰《しい》わく、苟《いやし》くも其《そ》の身《み》を正《ただ》しくせば、政《せい》に従《したが》うに於《お》いてか何《なに》か有《あ》らん。其《そ》の身《み》を正《ただ》しくすること能《あた》わざれば、人《ひと》を正《ただ》しくすることを如何《いかん》せん。

【子路第十三－十三】

子曰、苟正其身矣、
於従政乎何有、
不能正其身、如正人何、

訳

その身を正しく保てたならば、政治を行うなどわけないことだ。自分の身を正せないようでは人を正しく指導することなどできはしないよ。

子曰《しい》わく、人《ひと》能《よ》く道《みち》を弘《ひろ》む。
道《みち》、人《ひと》を弘《ひろ》むるに非《あら》ず。

【衛霊公第十五－二十九】

子曰、人能弘道、
非道弘人也、

訳

人が道徳や社会規範を広めていくのであって、道徳や規則が人を改善していくのではないんだよ。

解説

人生に生かすヒント

世の中を変えるのは個人の自覚と実践、他人任せの傍観者ではいけない

孔子は政治家をめざしており、『論語』には政治的発言が多いが、孔子の説く徳治政治は人間中心の政治なので、その発言は日常生活にもビジネスの世界にも応用できる。

この両章句もそうした例で、ともに他人任せでなく自分自身が率先して実行することの重要性を説いている。

第一章句は政治家に聞かせたい言葉だ。孔子が提唱する徳治政治というのは、君主や政治家や高級官僚に厳しい道徳的自制と行動を要求するもので、人の上に立つ者が道徳的な行動を取っていれば、道徳的感化によって国全体が向上するというのが主旨である。

会社で不祥事が起きても、それは部下や一部の部署がやったことで自分には責任がない、などと言い張って地位にしがみつく社長や会長が珍しくない

が、代表者のそうした態度こそが不祥事を引き起こす引き金になっていることに気づいていないのだ。

一方、政治や経済のさまざまな不祥事をテレビや新聞で知ったとき、多くの者はそれは法律が不備だからだ、捜査が手ぬるい、判決が甘すぎると評論家気分であれこれ発言して終わってしまいがちである。あるいは罰則を厳しくしたり新たな規則が作られると安心して、いつの間にかそのことを忘れてしまう。

これに対して孔子は第二章句で、そうした傍観者的な態度が腐敗《ふはい》の原因にもなるのだとクギをさしている。世の中を変えるのは道徳や法律自体ではなく、個々人の正道を歩もうとする自覚と実践なのだと指摘しているのだ。

◉政治

政治もビジネスも〝信〟の大切さを忘れるな

子貢《しこう》、政《せい》を問《と》う。

子曰《しい》わく、食《しょく》を足《た》し兵《へい》を足《た》し、民《たみ》をしてこれを信《しん》ぜしむ。

子貢曰《しこういい》わく、必《かなら》ず已《や》むを得《え》ずして去《さ》らば、斯《そ》の三者《さんしゃ》に於《お》いて何《いずれ》をか先《さ》きにせん。曰《い》わく、兵《へい》を去《さ》らん。

曰《い》わく、必《かなら》ず已《や》むを得《え》ずして去《さ》らば、斯《そ》の二者《にしゃ》に於《お》いて何《いずれ》をか先《さ》きにせん。

曰《い》わく、食《しょく》を去《さ》らん。古《いにし》えより皆《み》な死《し》あり、民《たみ》は信《しん》なくんば立《た》たず。

【顔淵第十二–七】

子貢問政、子曰、足食足兵、民信之矣、子貢曰、必不得已而去、於斯三者、何先、曰去兵、曰必不得已而去、於斯二者、何先、曰去食、自古皆有死、民無信不立、

訳

弟子の子貢が「政治とはどうあるべきでしょうか?」と質問したのでこう言った。「食を満たし、軍備を整え、国民との信頼関係を築くことだ」と。

そこで子貢が「その三点の中でやむをえずに犠牲《ぎせい》にするとしたら何を犠牲にしますか?」と質問したので、「軍備だろう」と答えた。さらに「残りの二点の中でやむをえずに犠牲にするとしたら何を犠牲にしますか?」と問うのでこう言ったよ。

「食を満たすことだろう。そうすれば国民は飢えて餓死者が出るかもしれない。しかし、人間は遅かれ早かれ死は免《まぬが》れない。だが、たとえそんな状態になったとしても、政治家と国民との間に信頼関係が維持されていれば国を保つことはできるのだ」と。

解説

人生に生かすヒント

政治でもビジネス社会でも信頼関係が最高の武器になる

これは孔子が政治を具体的な例を通して語った有名な章句である。人間の信頼関係が最も大切であることは、古今東西いかなる世界においても通用する人類社会の基本中の基本である。しかし、そうした当たり前のことが真っ先にスッポリと抜けてしまうのが人間の習性でもあるようだ。『論語』は、そうした当たり前のことを当たり前の言葉で思い出させてくれる書物なのだ。

この章句も現代のビジネス世界に応用してみよう。一時期の日本企業は海外からの敵対的TOB（株式公開買い付け）から身を護ろうと躍起《やっき》になったが、有能な弁護士やコンサルタントを雇って防衛しようという方法は「兵を足し」に当たるだろう。株主が敵対企業に株を売らないように株の配当を上げて対抗するのは「食を足し」に当たるだろう。日頃から情報開示をして株主との信頼関係を密にしておくのが「民をしてこれを信ぜしむ」に当たるだろう。三方法のなかでどれが最も有効な企業防衛策であるかといえば、やはり企業と株主の信頼関係につきるだろう。

さて、以上のように『論語』の章句はいずれもが一〜二分もあれば読み切れる短い言葉で書かれている。ただ大部分の章句が、いつ、どのよう状況で孔子が語ったものかの説明がないので学術的に正確な訳読となると厄介だが、固苦しく考えずに、そのときその場の読み手の立場から好きなように解釈して構わないのだ。同じ言葉の解釈が歳をとるごとに変わることもある。それこそが『論語』にとどまらない古典の醍醐味であるのだ。読者もこれを機会に、数年おきにでもよいから『論語』を手に取り拾い読みをするようおすすめしたい。

第2部

孔子と『論語』の基礎知識

『論語』を結実させた苦難の人生

『論語』に結実された孔子の人生を、その時代背景とともに見てみましょう。
なぜ、あの素晴らしい言葉が生まれたのかが理解できるはずです。

論語の成立

弟子たちが四〇〇年かけて編纂した孔子の言行集

❖……人が直面する諸問題に孔子がアドバイス

『論語』はいまから二〇〇〇年以上も前に編纂された、孔子と弟子たちの言行録です。それほど昔のものにもかかわらず、今日も不朽の名著として漢字文化圏の人びとに愛読されています。

私たちが『論語』に抱くイメージといえば、むずかしくて読めない漢字が並び、古い中国の言葉、理解しがたい言葉などが多く、若い世代はそれだけで抵抗感を抱いてしまうかもしれません。漢文特有の言い回しは、たしかに現代的ではありません。しかし、私たちは日常生活のなかで『論語』を原典とする言葉をたくさん使っています。

「過ぎたるはなお及ばざるがごとし」はその一例です。ある高弟からふたりの弟子の賢さを問われた孔子は、「一方は優秀で一方は足りない」と答えます。それに対して「では前者が優等生ですね」と念を押されると、「物事には限度がある。才が勝ち過ぎるのは才が足りないのと同じ。中庸《ちゅうよう》が大切だよ」と答えます。

こうした師弟の問答（対話）形式が『論語』の大きな特徴です。弟子たちが、政治のあり方、指導者の心得、学問について、孝行の仕方など、人間として直面するさまざまな問題について質問すると、孔子が的確なアドバイスをするという断片的な箴言《しんげん》集になっています。ですから、言葉はむずかしくても人間的な親しみが感じられるのです。「子曰わく」＝「先生が仰言《おっしゃ》った」という言葉が頻繁に出てきますが、慣れてしまえば違和感はありません。

しかも、『論語』は孔子の没後一〇〇年以上たってから編纂されはじめ、紀元前二世紀頃（没後四〇〇年ぐらい）、儒教が国教とされた前漢時代に現行のような一〇巻二〇篇の形になりました。これだけ長い時間がかかっているということは、直弟子が木簡や帛《はく》（布）に記録した言葉のなかから、孫弟子やそのまた弟子たちが自分たちに納得できるものを拾い、納得できないものを捨て、人びとが口にしやすい言葉を選び、儒教のバイブルにするために多少の文飾をほどこしたりもしているでしょう。

ちなみに、キリスト教の聖書も仏教の経典も、そしてギリシャの哲学書も基本は対話形式であり、長い歴史をかけて現在の形となっています。おそらく最初の対話はもっと直接的で生々しく、文章的には稚拙《ちせつ》だったはずです。誰もが納得できる普遍性は、後世の人々の手を経ることで備わったのでしょう。さまざまな注釈、解釈を加え、人間としてこうあるべきだ、あるいは人間としてこう生きたいという願望をこめて洗練してきたのです。

したがって『論語』も、その内容が孔子の生きていた紀元前五〇〇年前後の歴史的事実に則しているかどうか、という点には問題があるかもしれません。また講義録ではないので、学問的な体系としては統一性にいささか疑問も残ります。

しかし、『論語』にはそうしたことを別にした人間の真理、孔子がめざした理想や処世訓などがふんだんに盛り込まれています。師弟の対話を通して何が語られ、何を語ろうとしているか……。それを自分なりに読み取ることで、現代に生きる私たちにも違う生き方が見えてくるかもしれません。

各篇の名称

二〇篇から成るが、時系列やテーマに関係なく編纂

❖……一章句ごと独立した孔子と弟子の対話集

我が国には『論語』と名のつく本がたくさん出ています。また名言名句の出典に、『論語』〇〇篇という注をよく目にしているはずです。それだけ身近な本のはずなのですが、いざ全文に目を通そうとすると大変です。とにかくいろいろな問題が時系列もなく取り上げられ、一章句ごとに場面も登場人物も違っています。そのために、読み手の頭のなかが混乱してしまうのです。

たしかに『論語』は一〇巻二〇篇という形にまとめられていますが、ほとんどの篇にはこれといった統一感はなく、独立した場面での対話が載っているだけなのです。

たとえば第一篇の「学而《がくじ》篇」にしても、その最初の章句はたしかに「学ぶ」ことに関する孔子の言葉ですが、そのあとは次々に別のテーマに変わっていきます。

弟子の名前がついている篇にしても、全篇その弟子の話で統一されているわけではありません。

各篇につけられた名称は、実はその篇の最初の章句の冒頭にある二〜三文字を採用しているにすぎないのです。

では『論語』はどう読んだらいいのでしょうか？

『論語』は物語ではありませんし、体系化された哲学や思想の本でもありません。いろいろな場面での孔子と弟子の対話を再現したものですから、そういう場面で何が語られ、どう対応しているかを、まずは自分なりに理解してみることです。

❖……自分の気分に合わせて拾い読みしよう

「論語読みの論語知らず」という言葉があるのは、ただ知識として読んでいても『論語』の真髄《しんずい》は理解できないし、実践を伴わなければ有名無実の処世訓になってしまうおそれがあるからです。また、重箱の隅を突っつくような、枝葉末節のことにこだわってはいけないという意味もあります。

したがって『論語』は座右《ざゆう》や枕頭《ちんとう》に置いておき、パラパラとページをめくりながら拾い読みをし、自分の抱えている問題に関係がありそうな場面を読み、その情景を想像しながら深読みする方法がいちばんです。自分がこうではないかと思い込んでいるとき、それをひっくり返す孔子の言葉に直面するかもしれません。「こういう発想もあったのか」と思い直したり、処世のヒントにできることもあるはずです。

そういう読書体験をすると、では孔子とはどんな人だったのか、孔子のもとに集まった弟子はどんな人物だったのか、また『論語』が編纂された時代背景はどうだったのかなどに関心が深まります。

漢の時代以降、三国時代を経て唐《とう》・宋《そう》・元《げん》・明《みん》、清《しん》の王朝に受け継がれた儒教は、科挙《かきょ》制度にも支えられて二〇〇〇年の命脈を保ち、しかも広く漢字文化圏に伝播《でんぱ》しました。日本の文化を築いたのも、漢字とともに伝わってきた仏教だけでなく、孔子の儒教も大きく影響したのはたしかなのです。

孔子の生きた時代

古代中国王朝の盛衰と孔子が生きた春秋時代

❖……周王室の弱体化により戦乱の時代の幕開け

孔子の生まれる前、中国文明は夏《か》・殷《いん》（商）・周の三代の王朝によって築かれました。紀元前二〇〇〇年～一〇〇〇年頃の夏と殷の遺跡が、河南省の北部で発見されています。

殷を滅ぼしたのは鎬京《こうけい》（現陝西《せんせい》省西安市）の地から出た周です。周の始祖は文王であり、その子の武王が紀元前一一〇〇年頃に殷の紂王《ちゅうおう》を滅ぼして新王朝を樹立しました（西周）。その後、幽王の時代に内乱が起こり、その子の平王が紀元前七七〇年に洛邑《らくゆう》（現河南省洛陽市）に都を移して東周が誕生します。

しかし、東周は祭祀を司る王朝の権威は維持していたものの、その頃から各地に軍事力をもつ豪族が台頭して王国をつくり、周の建国の地には、のちの始皇帝を生む秦が誕生しました。孔子の生まれた魯の国もそのひとつで、ほかには晋《しん》、燕《えん》、斉《せい》、衛《えい》、宋《そう》、楚《そ》、呉《ご》、越《えつ》などの国々が分立していました。この時期は春秋時代と呼ばれ、呉王夫差《ふさ》と越王勾践《こうせん》の「臥薪嘗胆《がしんしょうたん》」のエピソードも春秋時代のものです。

孔子が生まれた紀元前五五二年は、殷の滅亡から約五〇〇年後の春秋時代末期の頃でした。孔子は都が移る以前の西周初期の文王・武王・成王の時代の文化を理想としており、とくに周王朝の基盤となるさまざまな制度や礼楽《れいらく》を定めた周公旦《たん》（武王の弟）を慕っていたことは『論語』からも読み取れます。

「周は二代に監《かんが》みて郁郁乎《いくいくこ》として文なるかな。吾《わ》れは周に従《したが》わん。（訳／周王朝の文化は夏王朝と殷王朝の文化を受け継ぎ、まことに華やかで麗しい。わたしにとっては文化国家でなければ国家の名に値しないね）」（八佾《はちいつ》第三－十四）と孔子は語っています。

孔子の没年は紀元前四七九年で、その後も諸国は覇権《はけん》を争い、勢力を拡大した覇王が各地で会盟《かいめい》（外交の場）を主催していました。その当時の外交政策は「合《がっ》従連衡《しょうれんこう》」という言葉で知られています。戦国時代に入って大国となりつつあった秦に対抗するため、韓《かん》、魏《ぎ》、趙《ちょう》、燕、楚、斉の六カ国が協力して対抗するのが蘇秦《そしん》の説いた「合従策」であり、秦が周辺六カ国と個別に同盟関係を築いてこれを封じたのが張儀《ちょうぎ》の説いた「連衡策」です。

しかし、紀元前二二一年には秦の始皇帝が天下を平定して中国最初の統一国家をつくります。都は咸陽《かんよう》（西周の都・鎬京《こうけい》であり現代の西安。漢と唐の時代には長安と呼ばれた三〇〇〇年の歴史をもつ都）でした。

始皇帝の死後、農民蜂起《ほうき》の「陳勝《ちんしょう》・呉広《ごこう》の乱」が発生。その戦乱のなかから頭角を現したのが、楚の項羽《こうう》と漢の劉邦《りゅうほう》です。ふたりは競って秦を攻めて滅ぼしますが、垓下《がいか》（現安徽《あんき》省）での最終決戦で劉邦が勝利を収め、紀元前二〇二年に統一国家の漢（前漢）が誕生します。

前漢時代の黄金期を築いたのは、匈奴《きょうど》討伐や儒教を政治に取り入れた武帝で、司馬遷《しばせん》の『史記』はこの時代に編纂されました。その『史記』のなかに「孔子世《せい》家《か》」の一篇がまとめられ、孔子の弟子たちが編集した『論語』とは別の視点で孔子の生涯が描き出されています。また、門弟が語り継いできた孔子の言葉を集めた『論語』も、その時代に編纂されたものだといわれています。

夢見た理想の社会

あこがれの周公旦の徳治政治をめざして

❖……礼と仁に基づく君子育成に燃えた孔子

周に代わって天下のことを取り仕切った諸侯は覇者《はしゃ》となり、斉《せい》の桓公《かんこう》、晋《しん》の文公《ぶんこう》、秦《しん》の穆公《ぼくこう》など春秋五覇と呼ばれる強力な諸侯を輩出しました。まだ周王室の権威は保たれていましたが、楚《そ》の荘公《そうこう》が天子にしか許されない王を称するなど、春秋時代はすでに下剋上の兆《きざ》しをはらんでいました。孔子は武力だけでは西周のような安定した平和な国づくりはできないと考え、仁恕《にんじょ》の政治を説き、君子の育成に使命感を燃やしました。

古代中国では、君主の下に卿《けい》（大臣）や大夫《たいふ》（高級官僚）などの貴族、そして士と呼ばれる中・下級官吏がいて政治を行っていました。組織のあり方はいまの企業社会と大差ありません。しかし、どんなに武力に優れ戦に強くても、組織を維持し、富ませ、発展させるためには、組織のトップである君主やリーダーたちに徳がなければなりません。その徳というのが先祖を祀《まつ》る「礼」の素養であり、「仁」の心です。

孔子は西周の国家基盤をつくりあげた武王の弟・周公旦《たん》の人間味あふれる統治スタイルを手本とし、君主や卿・大夫・士に「礼」と「仁」に基づく教育をしようと考えたのです。周公旦は、幼かった武王の子（成王）を補佐し、「礼」を基本とする国家制度をつくり、武芸だけではなく詩や楽《がく》などの文化も振興した人です。孔子が周公旦のような聖人をめざしていたことは、晩年の言葉「ああ、私も衰えたものだ。夢に周公を見なくなって久しい」に明らかです。

❖……周公旦の治世を理想に「五経」を教える

孔子が君子教育の理想としたのは優秀な為政者、徳化力（徳によって人を変える力）のある指導者を育てることでした。当時の武人教育の基本は、礼（儀礼）、書（読み書き）、楽（音楽）、射（弓術）、御（御車）、数（計算）の六芸《りくげい》という実際の役に立つ学問でしたが、孔子が教えたのは「五経」の学問です。

五経は宗教、政治、礼楽を編纂した古典で、『詩経《しきょう》』『書経《しょきょう》』『易経《えききょう》』『礼記《らいき》』

『春秋《しゅんじゅう》』のことです。『詩経』では心をやわらげ情愛を深めること、『書経』では歴史に通じさせ知識を豊かにすること、『易経』では精神を鎮《しず》め思考を精密にさせること、『礼記』では身を引き締め態度を慎重にさせること、『春秋』では事柄の関係を正確に記述する能力を会得させることを教えました（四書五経については二〇二ページを参照）。

この君子教育は道徳家を育てるだけのものではありません。孔子の理想とした君子は、「五経」の徳を備えた教養人であり、かつ剛毅・沈着・冷静・果断な実務家で、スケールが大きく人間的な君子だったのです。

『論語』の最後の章句は、このような孔子の理想とした君子像が描かれています。「命《めい》を知らざれば、以《もっ》て君子《くんし》たること無《な》きなり。礼《れい》を知らざれば、以て立つこと無きなり。言《げん》を知らざれば、以て人を知ること無きなり（訳／自分の力でなく天命によってなれたという謙虚さがなければ、指導者は務まらないものだ。礼儀正しくなければ指導者の立場は維持できないし、次に相手の言葉を的確に判断できなければ、人の指導なんてできるわけなどない）」（堯曰《ぎょうえつ》第二十－五）。

人間・孔子の人物像

弟子三千人を集めた人情味豊かな教育者

❖……含蓄ある言葉で多くの弟子を感化

孔子は筋金入りの私塾の教育者でした。門弟の数は三〇〇〇人といわれますが、中国では白髪三千丈などという言葉があるくらいなので数字は定かではありません。ただ私塾としては非常に弟子が多かったのは事実です。

その弟子たちが孔子の言葉を記録に残し、それがもととなって、のちに『論語』が編纂されたように、教育者としての孔子の魅力は、含蓄《がんちく》のある言葉を上手に使いこなして弟子を感化したことです。しかも単なる言葉の魔術師ではなく、思想的な裏付けがあり、自ら実践してきたことを語っているからこそ、これほど多くの弟子から尊敬を集めたのです。

『論語』に伝えられた孔子の言葉は没後二五〇〇年経ったいまも、中国や日本だけではなく儒教圏のアジア諸国で語り継がれていて、四字熟語や故事成語のなかには『論語』を出典としているものがたくさんあります。たとえば「温故知新」「暴虎馮河《ぼうこひょうが》」「道聴塗説《どうちょうとせつ》」「一を聞いて十を知る」「過ぎたるはなお及ばざるがごとし」などなど。

孔子の人間的魅力は、「穏やかだったが厳しくもあり、威厳に満ちていたが威圧的なところはなく、謙虚でのびのびしていらしたことだ」と、『論語』にあります。

「子《し》は温《おん》にして厲《はげ》し、威《い》にして猛《もう》ならず。恭《きょう》にして安《やす》し」（述而《じゅつじ》第七－三十七）。

孔子はお金や出世に執着することなく、客観的・合理的に世の中を観察し、的確な助言のできる人情味豊かな教育者として生涯を貫き通しました。

❖……世間に認められずとも、人の世に生きた信念の人

孔子は子どもの頃は貧困も経験しました。また若いときには人並みに財産をつくり、社会的に高い地位を求めていたようです。

しかし世は春秋戦国の争乱時代であり、下剋上の権力争いが渦巻く社会では、自分の理想や信念に背く行動もしなければなりません。下級役人として働いてい

た若い孔子は、これでは富貴栄達が得られないと悟り、世俗的な生活を断念します。自分が本心から好きな学問と教育の道に進むことを選んだのです。

孔子が俗事から超越していたことは、意（わがまま）なく、必（無理じい）なく、固（頑な）なく、我（でしゃばり）なしという「四絶」の態度であったと『論語』にあることでも明らかです。ただし、孔子は立身出世が望めないかといって、世間から隠遁《いんとん》することは考えたこともありません。

「どんなに批判されようと、私は人の世の中が好きだ。天下に政治があるかぎり、人間の社会を離れて隠遁するようなことはしない」と断言し、常に世の中と同時代を生きることを自らに課していたのです。

「人の己を知らざることを患《うれ》えず。人を知らざることを患う（訳／他人が自分を理解してくれないことを気に病むより、自分が他人を理解できないことが心配だ）」――これが孔子という人物の真骨頂です。

コラム『論語』と孔子のこぼれ話

いまに伝わる孔子のプロフィール

■プロフィール

【名前】姓は孔(こう)、名は丘(きゅう)、字は仲尼(ちゅうじ)。孔子の「子」は先生という意味の尊称。

【誕生】紀元前552年9月28日、魯の昌平郷陬邑(しょうへいごう　はんゆう／現・山東省曲阜)に生まれる。『史記』では紀元前551年とあり、また誕生日も諸説ある。

【家族】父は孔紇(こうこつ)、母は顔徴在(がんちょうざい)。妻は宋の幵官(けんかん)氏。長男の鯉(り)のほかに娘もいた。

【経歴】20代後半に魯の下級官吏になり、委吏(いり)、乗田(じょうでん)という官職に就く。34歳頃、周に遊学する。36歳のとき、亡命した魯の昭公のあとを追って斉に行く。1年後、魯に帰国か？　48歳のころ斉に亡命。52歳で魯に仕官し、大司寇(だいしこう)へ昇進。56歳で魯を去り亡命の旅に出る。69歳のとき魯に帰国。

【没年】紀元前479年4月18日。享年74歳。

■外見

【身長】『史記』に、背丈は9尺6寸の長身で「長人」と呼ばれたとある。当時の1尺は23cmほどだったというから、2m20cmもの長身だった!?

【容貌】眼はくぼみ、額は広く出っ張り、亀背(きはい)という曲がった背中で、世間で言う大聖人の容貌であったという。

■性格

穏やかでいて厳しく、威厳に満ちていても威圧的ではなく、謙虚でのびのびしていた。天命や仁に関連しない限り、金儲けについて語らないし、怪異と暴力とポルノとオカルトのことには口にしなかった。自宅でくつろぐときは、のびやかで、にこやか。誰に対しても礼をもって接した。

孔子・誕生から幼年時代

武人と巫女の両親をもち十有五にして学に志す

❖……早くに両親を失い学問で身を立てる決意

孔子の姓は孔《こう》、名は丘《きゅう》。通常は字《あざな》の仲尼《ちゅうじ》で呼ばれていました。ちなみに仲は二男を意味し、尼は頭頂がくぼんでいるところが孔子の故郷・曲阜《きょくふ》にある尼山《じざん》に似ているところから名づけられたといわれます。

孔子が生まれたのは紀元前五五二年、山東省の曲阜の近郊の村です。孔紇《こうこつ》（字《あざな》は叔梁《しゅくりょう》）という武人を父とし、顔《がん》氏の女で巫女をしていた徴在《ちょうざい》を母とする、一説では私生児だったとも伝えられます。父には正妻に九人の娘、妾腹に男子がひとりいたようです。

中国古代の階級制度では没落した貴族が武人となる例は多かったようです。孔子の父方の祖先は魯《ろ》の西にあった宋の王族の出で、遠祖は『詩経《しきょう》』を編纂し代々楽師長を務めていたとも伝えられますが、五〇〇年も遡った家系ですから定かではありません。また武人だった父は戦で手柄を立てて大夫に昇格した勇将だったといわれますが、後世の作り話の可能性が高そうです。

その父は孔子が生まれたときはすでに六十半ばの年齢であり、二〜三年後に死没します。そのため孔子はまだ十代だった母に引き取られて、尼山の巫祝《ふしゅく》（神事を司る）をする家で育てられますが、その母も失って十代で孤児となってしまいます。

『論語』にも「吾《わ》れ少《わか》くして賤《いや》し。故《ゆえ》に鄙事《ひじ》に多能《たのう》なり（訳／わたしは若いとき身分が低かった。だからつまらないことがいろいろできるのだ）」（子罕《しかん》第九－六）という言葉が出てきます。祭祀のことに詳しく、また倉庫の出納や物品管理係、牧場の管理人もした経験が言わせたのでしょう。

しかし、貧しかったからこそ世に出るための学問に励みます。「十有五にして学に志す」のは、実は生きるためだったのです。

孔子が学んだのは、当時の六芸《りくげい》（礼・書・楽・射・御・数）と呼ばれる武人教育の学問でした。この実学を身につけていたため、倉庫や牧場の管理の仕事でも成果を挙げたようで、また公平であり勤勉だった仕事ぶりから、いまでいう係長ぐらいになっていたといわれます。

❖……逆境のなかで身につけた、実践的学問と思想

巫祝の家に育ち孤児となった孔子は、武人だった父とは別の道を歩みはじめます。戦乱の世の中では武人として立ったほうが経済的には恵まれるにもかかわらず、孔子が選んだのは「礼」をはじめとする古典の「五経」を自分の力で身につけるという、遠回りな道でした。

のちの孔子の教えが実践的であり説得力があるのは、それが机上の学問ではなく、師匠もいない逆境のなかで身につけたものだったからでしょう。『論語』にも、「孔子の師匠はどなたですか？」と質問された弟子の子貢《しこう》が、「格別な教育を受けたわけでもなく、師匠もいなかった」と答えています。

ちなみに、偉丈夫《いじょうぶ》だった父の血を受け継いだ孔子は、成長して「長人」と呼ばれたほど背が高くなり、なんと二メートル以上もあったといわれています。現在まで連綿と続く孔子の子孫も長身だそうです。

政治の舞台に上る前

世に出る前は放浪の「東西南北の人」

❖……三十代で儒教集団の一派を束ねるように

孔子が「三十にして立つ」と言ったのは、独立独歩で学問の道を進む自信がついたからです。十五歳で学問を志してからの修養時代、孔子は古典「五経」を身につけました。また、十九歳のときに結婚して、翌年、鯉《り》と名づけた子どもに恵まれました。夫人については宋の出身というだけで、詳しい記録はありません。

孔子が学問を志した十代後半、魯の大臣から祝宴に招待されたという記録が『史記』にあります。このとき、のちにライバルとして生涯対立する陽虎《ようこ》（『論語』では陽貨）に「身分が低いものは帰れ」と侮辱され、さらに発奮しました。

孔子の名が世間に広まったのは三十代を過ぎてからで、儒教集団の一派として弟子も集まるようになります。ちなみに当時の弟子は冉伯牛《ぜんはくぎゅう》、子路《しろ》、閔士騫《びんしけん》などで、彼らはもともと文より武をたのみにする者だったといいます。また孔子も自らを「東西南北の人（諸方をさまよう放浪者）」と言っていたように、当初の孔子塾は寄せ集めであり、魯の国内を放浪していたと思われます。

❖……国政を乱す三桓氏の専横に憤慨し斉に亡命

三十代半ばを過ぎると、孔子の盛名は国内にとどろきます。『史記』「孔子世家」には、魯《ろ》の国を訪れた斉《せい》の君主・景公《けいこう》と問答したとあります。「なぜ秦は強くなったのか？」という景公の問いに、「志が大きく、中正・中道の政治をしているから」と答えている孔子は、政治に対する見識も並々ならぬものを身につけていたことがわかります。

しかし、この頃、下剋上の風潮に染まった魯の国の政治は混乱をきたします。当時の君主は昭公《しょうこう》でしたが、実権を握っていたのは三桓氏《さんかんし》と呼ばれた家老職の三家で、季孫《きそん》・孟孫《もうそん》・叔孫《しゅくそん》の専横は目に余るほどでした。なかでも周の天子にしか許されない先祖祭祀の舞楽を、季氏が自らの先祖の廟《びょう》の前で舞わせたことに孔子は憤慨し、「こんな礼を失した行為を許容することはできない」と批判します。

「孔子、季氏《きし》を謂《い》う。八佾《はちいつ》、庭に舞わす、是《こ》れをも忍《しの》ぶべくんば、孰《いず》れをか忍ぶべからざらん。（訳／家老の季氏は、本来は天子だけに許される八佾の舞を自家の先祖供養の祀りで舞わせた。何と言うことだ。わたしはもう我慢ならない。これを見過ごしたのではどんなことでも許されてしまう）」（八佾第三－一）。

若くして魯の君主となった昭公は、即位二十五年のとき専横を極める三桓氏の排除を企てました。しかし失敗して夫人の実家の斉に亡命します。孔子も昭公のあとを追って斉に向かいましたが、昭公の家臣でもなく格別の恩義を受けたわけでもない一介の学者・孔子が斉に亡命したのは、三桓氏の暴政・非礼を許せなかったことに加えて、斉という大国の文化にあこがれていたこともあります。

魯の北方にあった隣国、斉との関わりは孔子を大きく成長させた要因のひとつです。孔子はこのとき三十六歳。斉で老子に会ったという話もありますが、これも作り話でしょう。斉の首都・臨淄《りんし》は当時の中国最大の都市でしたから、小国・魯の田舎者だった孔子には見るもの聞くものみな珍しく、貪婪《どんらん》に斉の文化を吸収したものと想像できます。なかでも孔子を感動させたのは斉の音楽「韶《しょう》」でした。伝説の古代の皇帝・舜《しゅん》がつくったと伝えられる音楽を学んでいる期間、「肉を食べても味がわからないほどであった」と語っています。

ライバル陽虎との対立

実力者・陽虎を避けて大国・斉へ亡命する

❖……正反対の道を選んだ孔子と宿敵・陽虎

孔子の宿命のライバルといわれる陽虎《ようこ》（陽貨）は体型も顔も、そして儒者・革命家としての生き方も、孔子と似通っていたようです。両者とも大柄な体格で厳《いか》つい容貌、儒学を学んで身を立てようとしていました。ただひとつ大きく違ったのは、孔子は徳による感化を重要視していましたが、陽虎は権力を握って革命を起こそうとしていた点です。

ふたりが最初に対決したのは前述した孔子十代のときです。陽虎は孔子を「身分が低い」と蔑視しました。しかし孔子が実力をつけて世間で認められるようになると、自分の仲間に引き入れようと試みます。

孔子が五十代になる直前、三桓の季孫《きそん》氏の家の執事になっていた陽虎は、その主を捕らえてクーデターを起こして実権を握ります。そして孔子の盛名を利用しようとします。だが陽虎を嫌っていた孔子は会おうともしません。そのくだりが陽貨篇の冒頭にあります。

「陽貨《ようか》、孔子を見《み》んと欲《ほっ》す。孔子見《まみ》えず。（訳／陽貨は孔子に会って仲間に引き入れようとしていたが、孔子は避けて会おうとはしなかった）」（陽貨第十七－一）

陽虎は孔子に贈り物をし、返礼の挨拶に来させるように仕向けました。礼を重んじる孔子は陽虎のいないときをみはからって返礼に出かけますが、たまたま路上で出会ってしまいます。

「実力がありながらその宝を持ち腐れにして国を惑わしたまま放置するのは仁とは言えないのではないか。改革のチャンスを見過ごすのは知とは言えないのではないか。月日のたつのは早い。歳をとってしまうぞ」と言われ、孔子は「そのうち仕官しましょう」と、陽虎の誘いをかわしています。

このやりとりがきっかけだったのでしょう、孔子は斉へ亡命します。このとき孔子は四十七歳。三桓氏の排除を狙って失敗した昭公は、すでに斉で亡くなっていました。

❖……亡命した斉でも士官はかなわず帰国

その後、陽虎はますます権勢をふるいますが、魯の新しい君主・定公《ていこう》にとがめられて、三年後に魯を追放されます。しかし追われるときに魯の宝玉である大弓を略奪したように、転んでもただでは起きないしたたかさの持ち主です。陽虎は一度は斉で捕らえられたものの脱出して宋に逃れ、晋《しん》や趙《ちょう》でも政治に関わっていたようです。

しかも彼の念頭には、常に孔子への競争心があったようです。斉から戻った孔子が魯の定公に用いられ、三桓氏の政治を正そうとして失敗し再び長い亡命の旅に出た後も、諸公に孔子を招聘《しょうへい》しないようにさまざまな圧力をかけていたとされています。

おもしろいのは、亡命中の孔子が匡《きょう》という地で、陽虎に似ているという理由で拘束される事件が起きたことです。孔子と陽虎は、人違いされるほど似た者同士であるが故のライバルだったのかもしれません。

話を元に戻しましょう。陽虎の失脚と斉への亡命を知った孔子はただちに魯に帰国します。四年ほど亡命していた斉では、景公と政治問答を交わすなど仕官の話も出ていたようですが、最終的には景公の「われは老いて先生を用いることはできない」という言葉を聞いて、斉の国に見切りをつけたのでした。

ちなみに大国・斉の景公は、始祖・太公望から二十五代めに当たります。周の軍師として活躍し、斉の国を治めて強国にした太公望とは異なり、贅沢《ぜいたく》好きで民には重税を課しました。いわば暗君だったのです。

孔子と会見した景公が政治について質問したことがありました。孔子は「君主は君主らしく、家臣は家臣らしく、父は父らしく、子は子らしく、おのおのの本分を尽くすことです」と答えますが、景公は「なるほど、そうでなければ米があってもわたしの口に届かないものな」と、暗君らしい感想を述べています。

孔子、魯に帰国する

五十二歳で初仕官し手腕を発揮した絶頂期

❖……大司寇に抜擢され「夾谷の会盟」で活躍

魯《ろ》に帰国した孔子を歓待したのは新しい君主の定公《ていこう》です。陽虎《ようこ》のライバルであった孔子に期待するところは大きかったのでしょう。まず、中都の宰《さい》（町長）に起用しました。一年のうちに治績を挙げた孔子は司空《しくう》（土木局長）に抜擢され、さらに大司寇《だいしこう》（司法警察長官）へと栄達します。大司寇というのは、六卿《りくけい》と呼ばれた大臣の役職であり、本来ならば貴族の家柄にしか与えられない高い地位です。破格の待遇を受けたことになります。

また定公との政治問答では、自らの信念である徳化政策を論じました。君主の臣下の使い方に関しては礼をもってすること、臣下が君主に仕えるには忠をもってすること。さらに、千乗の国（兵車をたくさん持つ大国）を治めるためには慎重に政治を進め、命令や賞罰を統一し、無駄な費用を節約、人びとに恩恵を施し、使役に際しても彼らの仕事を妨げてはならないと説きました。

外交面でも大活躍をしました。斉と魯の君主が外交交渉の場を設営した「夾谷《きょうこく》の会盟《かいめい》」のとき、定公に随行していた孔子はその宴席で騒がしく入場してきた斉の侏儒《しゅじゅ》（楽団員や芸人）を「礼を失する」と叱責《しっせき》。斉の景公に謝罪させ、新たな領地を取得したという話が『史記』に残されています。このとき、実は定公を暗殺しようとしていた侏儒を斬殺したとも伝えられますが、これは孔子の国際的舞台での成功を脚色したもののようです。

当時、小国の魯は「遠交近攻」の外交政策をとっていて、西北の晋《しん》と結び斉に抵抗していましたが、この「夾谷の会盟」で政策を転換して斉と友好関係を結んだというのが真相とされています。したがって、孔子は魯と斉の友好協会の会長のような立場にあったのでしょう。

しかし斉は孔子の政策で安定してきた魯に危機感をもち、美女八〇人からなる楽団を贈って定公と三桓《さんかん》氏《し》の政治意欲を骨抜きにしようとします。この策謀は見事に成功し、魯の政治は停滞します。これに憤った孔子は魯を見限って再び亡命の旅に出たとされています。また亡命の理由はそれだけではなく、魯の病巣となっていた三桓氏の専制政治の打破に失敗したからともいわれます。

「斉人《せいひと》、女楽《じょがく》を帰《おく》る。季桓子《きかんし》これを受《う》く。三日朝《みっかちょう》せず。孔子行《さ》る。（訳／わたしが大司寇となり魯の政治が安定し出したため危機感を覚えた斉が、我が国に女性歌舞団を送り込んできた。家老の季桓子はそのワナにはまり、定公様をたぶらかして三日間もドンチャン騒ぎを続け政務を顧みなかった。このとき、わたしは故国を見限り亡命を考えたのだ）」（微子《びし》第十八－四）。

大司寇の職を賜った孔子は、彼らの権力を削ぐことに情熱を燃やしました。「五十にして天命を知る」というのは、政治家としての孔子の心意気を示すものでした。季家の執事から身を起こしたライバルの陽虎がやったのは武力による実力行使でしたが、孔子がめざしたのは説得による融和策です。

三桓の軍事力を弱めるため、その拠点である城の壁を低くすることが魯の安定につながると考えた孔子は、弟子の子路《しろ》に命じて城壁を撤去する作戦に着手したのですが、失敗に終わりました。自分たちを嵌《は》めようとした孔子に対する怨み骨髄の三桓氏は、孔子を追放します。このとき孔子は五十六歳。今度の亡命の旅はなんと十四年も続いたのです。

流浪の亡命生活

十四年に及ぶ苦難の旅が育てた人間孔子の魅力

❖……どの国でも登用されず失意のうちに魯に帰国

魯《ろ》を追われた孔子が最初に亡命したのは魯の西の隣国・衛《えい》でした。弟子の子路《しろ》の縁者がいたからだとされますが、衛の君主・霊公《れいこう》も好意的で扶持《ぶち》で孔子たちの面倒をみたようです。しかし、長くは滞在しませんでした。

そこから受難の旅が始まりました。匡《きょう》という地では陽虎と間違えられて拘束され、ようやく解放されたあと、再び衛に戻ります。このとき不倫の噂がたっている霊公夫人・南子《なんし》に会見して、子路に諫《いさ》められるという逸話を残しました。

次は曹《そう》から宋《そう》へと移動し、ここで「桓魋《かんたい》の難」に遭います。大樹の下で講義をしているとき、突然現れた宋の司馬《しば》（軍務大臣）の桓魋が大樹を引き抜いて孔子を殺害しようとした事件が起きました。散り散りになって逃げた孔子は弟子たちとはぐれて鄭《てい》にたどりつきますが、疲れ切った様子はまるで「喪家《そうか》の狗《いぬ》」のようだったと鄭の人に言われます。その後も陳《ちん》、蔡《さい》と渡り歩きました。

孔子が蔡にいたとき、楚《そ》の君主・昭公《しょうこう》は孔子を招聘《しょうへい》しようとしますが、隣国の陳や蔡が楚の孔子登用を恐れ、楚へ向かう孔子は軍隊に囲まれ、餓死寸前となります。この「陳蔡《ちんさい》の厄《やく》」の危難は楚の昭公によって救われました。孔子の名は魯から遥か南に離れた楚の国まで鳴り響いていたのです。しかし、楚の大臣が孔子の任官に反対したため道は閉ざされてしまいました。結局、孔子の理想はどの国でも受け入れられなかったのです。

失意のうちに再び衛に戻った孔子ですが、そこで待っていたのは先に魯に帰国していた弟子の冉求《ぜんきゅう》からの「孔子召還」の知らせです。魯では孔子の帰郷待望論が高まっていて、孔子は十四年間に及ぶ亡命の旅を終えることになります。ときに六十九歳になっていました。

以上は『史記』に書かれた話で、『論語』にはその亡命の記録は断片的にしか出てきません。しかし、この旅によって孔子の追求する理想は確かなものとなり、弟子との結びつきも深まったのでした。

孔子がたどった亡命の旅ルート概略

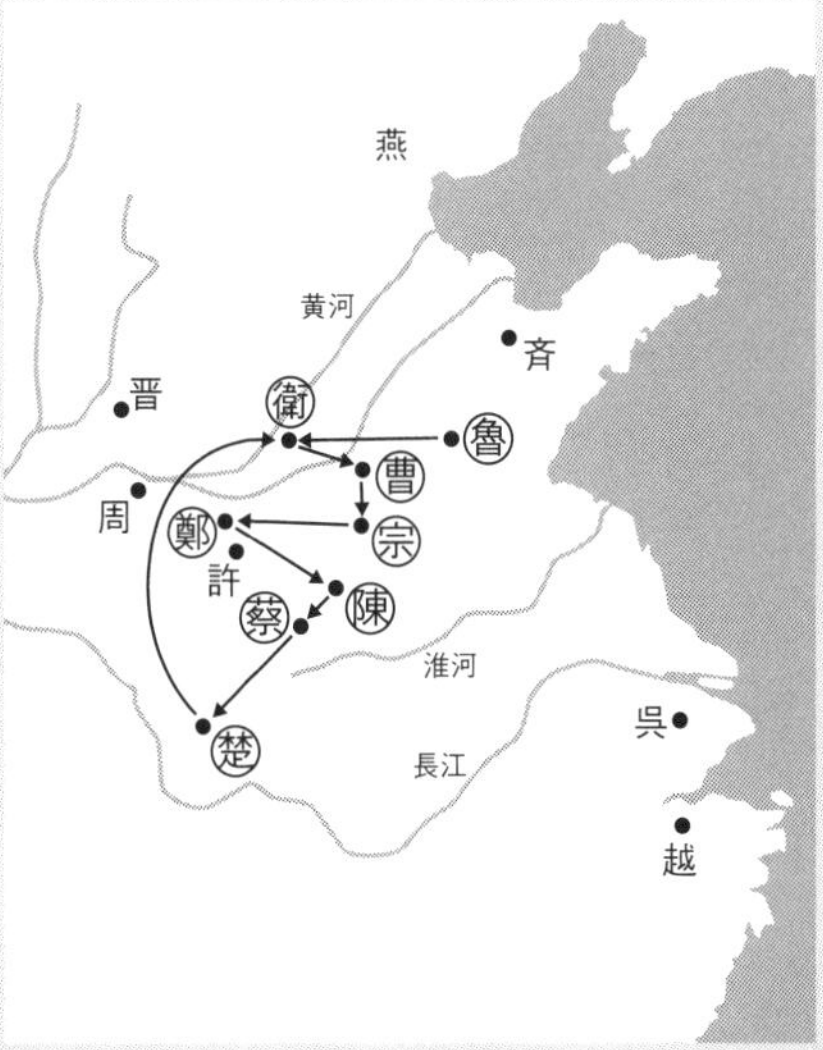

魯 三桓氏の力を弱めようとして失敗。亡命の旅へ。

衛 霊公は孔子を好意的に遇すが、滞在 10 カ月で一度去る。再び戻り、霊公夫人の南子と会見。霊公の死後去る。

曹 最後の君主・伯陽の治世。紀元前 487 年の滅亡間際だった。

宋 28 代景公の治世。「桓魋の難」で逃げ出し、弟子とはぐれる。

鄭 「喪家の狗」のような姿で城門にたどり着く。孔子が尊敬した名宰相・子産（しさん）がいた国。

陳 3 年ほど滞在したが、戦乱となり出国する。

蔡 楚へ向かう途中「陳蔡の厄」に遭う。軍隊に囲まれて餓死寸前となる。

楚 昭公は孔子を登用しようとするが、宰相の反対により登用されず。

衛 昭公の死により再び衛に行く。そこで弟子から知らせが届き、魯へ帰国を決意。

「巻懐の人」となり七十四歳で没す

❖……邦に道なきを認め門弟教育に専心する

亡命中に、孔子は「天命を知って」理想の徳治政治を説き続けてきましたが、どの国も乱れに乱れていて、周礼の道が行われない現実を認めざるを得なくなります。しかも年齢を重ねるにしたがい帰郷心も募ってきます。何度も故国の魯に「帰らんかな」と慨嘆していました。

そんなときに知ったのが衛《えい》の賢人とされる蘧伯玉《きょはくぎょく》です。「君子なるかな蘧伯玉。邦《くに》に道あるときは則《すなわ》ち仕え、邦に道無きときは則ち巻きてこれを懐《ふところ》にすべし」とその生き方に共感を示しています。

若い頃の孔子は、理想を追求する思想家であり革命家でしたが、六十九歳で魯に帰郷してからは、政治家としての理想は書物を閉じるように巻いて、胸の奥深く（懐）にしまい込み、「巻懐《けんかい》の人」となりました。

「六十にして耳順《したが》う」という言葉は、こうした心境を述べたものなのかもしれません。孔子はもはや登用されることを求めず、ひたすら三〇〇〇人にもなっていた門弟たちの教育に務めます。ちなみに、孔子塾の科目は「詩・書・礼・楽」であり、「文・行・忠・信」の大切さを教えるものでした。また魯の国ばかりではなく、要請があれば近隣諸国にも弟子を派遣していました。

❖……愛弟子の死に続き七十四歳で孔子死す

しかし、「心の欲する所に従いて矩《のり》を踰《こ》えず」の七十歳頃の孔子は、連続して不幸に見舞われます。ひとつは亡命中に留守を預かっていたひとり息子の鯉《り》を失ったことです。そして何よりいちばんの痛手だったのは、愛弟子であり最も信頼していた顔回《がんかい》の死に直面したことでした。

孔子は、「ああ、天われを滅ぼせり、天われを滅ぼせり」と二回叫んで慟哭《どうこく》したそうで、以後の孔子は自らも病を得て急速に衰えます。

「顔淵死《がんえんし》す。子曰《しい》わく、噫《ああ》、天予《てんわ》れを喪《ほろ》ぼせり、天予れを喪ぼせり。（訳／わたしの人生にはいろいろな苦難があったが、弟子の顔回（顔淵）に死なれたときは天を恨みたくなるほど辛かった。思わず、「天はわたしを滅ぼした！」と口走ったほどだ。）」（先進《せんしん》第十一－九）。

さらに衛《えい》に派遣していた古参の弟子・子路《しろ》がクーデターによって非業の死を遂《と》げたことを聞き、孔子は自らの死期も遠くないことを悟ります。弟子の子貢《しこう》が病の床にいる孔子を見舞いに行くと、「泰山《たいざん》それ頽《くず》れんか。梁木《りょうぼく》それ壊《やぶ》れんか。哲《てつ》人《じん》それ萎《や》まんか（訳／泰山が崩れようとしている。家の支柱が折れようとしている。偉人が去ろうとしている。）」と涙をこぼしたそうです。

その七日後、孔子は七十四歳で、波乱と苦難に満ちた生涯を終えたのでした。

弟子たちは三年間の喪に服し、その後、孔子の儒学を世間に広めるために諸国に散っていったのです。しかし、『論語』を編纂したのは彼ら直弟子ではありません。口承で伝えられた孔子の言葉は何世代も経て、珠玉の言葉となり、前漢の頃に現在の形式に近い姿になったようです。また漢代に儒教が国教として定められると、『論語』は儒教の聖典となり、近代までの二〇〇〇年間にわたって中国の官僚制度を支える教科書となったのです。

孔子没後、後継者となったのは……？

孔子が亡くなると、弟子たちの間では後継者争いが起こりました。古参の弟子の中には亡くなっている者も多く、最終的には子夏《しか》、子游《しゆう》、子張《しちょう》の３名が後継者候補とされますが、人気、実力ともに拮抗《きっこう》していました。互いに牽制し合う３人は、そこで別の弟子、有若《ゆうじゃく》を担ぎ出します。有若の容姿が孔子に似ているからという理由でした。

それに強く反対し、批判したのが曾子《そうし》です。結局、有若の後継者案はなくなり、子夏、子游、子張の三人も候補者から脱落し、27歳の若さながら曾子が後継者となったのでした。

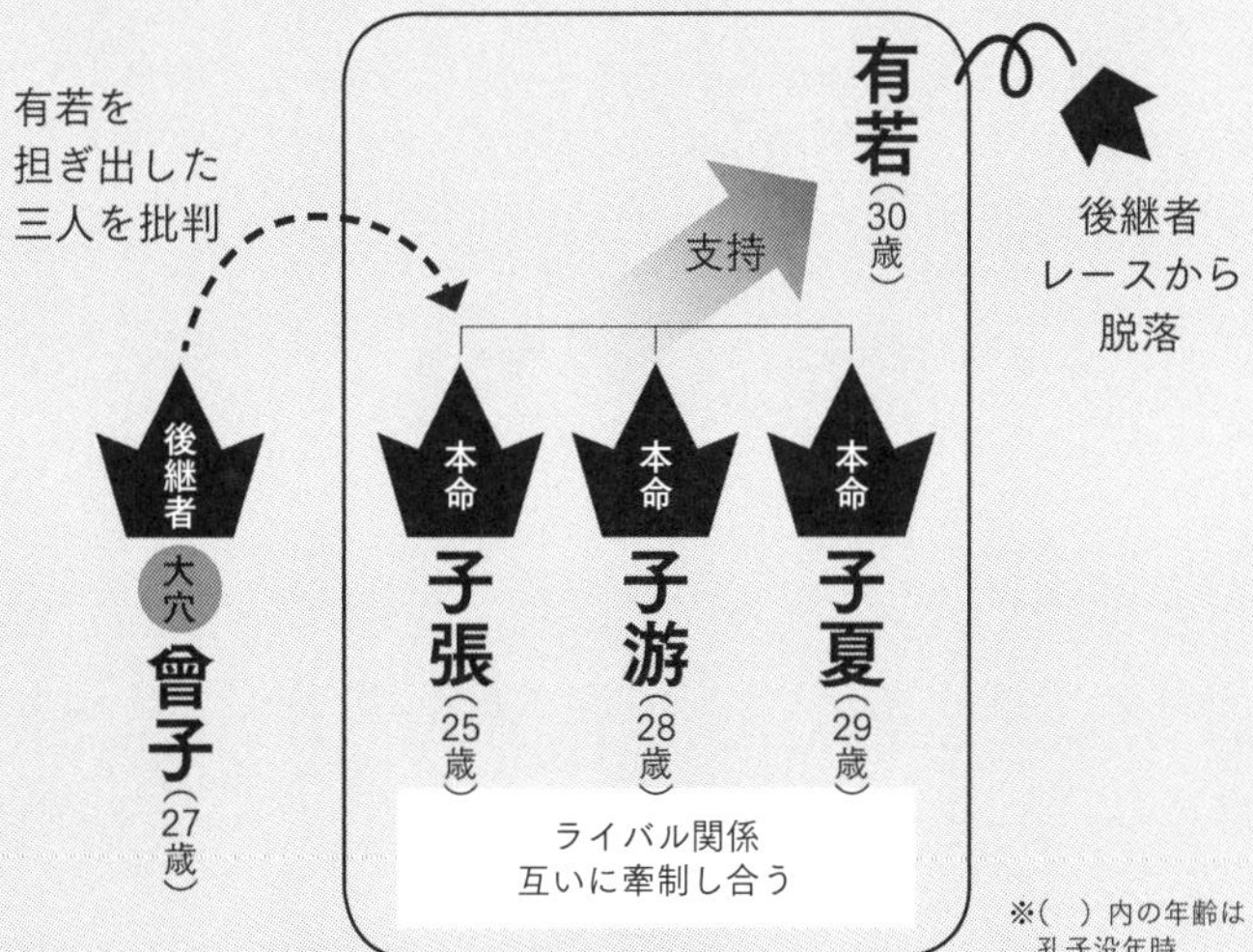

辛苦をともにした孔門十哲と高弟

❖……含蓄ある言葉で多くの弟子を感化

孔門十哲《こうもんじってつ》とは門弟の中で最も優れた十人を指し、その得意分野ごとに、徳行・政事（政治）・言語（弁舌）・文学（学問）の四分野に分けて「四科十哲」とも呼ばれます。しかし、曾子《そうし》や子張《しちょう》などが入らないことから、亡命の旅に同行した者から選んだとされます。また挙げられた名前が字《あざな》であることから、孔子自身の人選ではないともいわれます。

ここでは、『論語』にもよく登場する孔子の高弟と孔門十哲に列せられる弟子十二名について紹介します。

❖……顔回《がんかい》◎孔子最愛の弟子――孔門十哲【徳行】

紀元前五二二年?~紀元前四八二年。姓は顔、名は回、字《あざな》は子淵《しえん》。顔淵《がんえん》とも呼ばれる。魯の出身。

生年は諸説ありますが、孔子よりも三〇歳ほど年下でした。非常に貧乏な暮らしを送りましたが、頭脳明晰で天才肌、寡黙ですが孔子の言葉を誰よりも深く理解した孔子第一の弟子です。

「賢いなあ顔回は。一椀の食事と一椀の汁を口にするだけで粗末な長屋に住んでいる。普通の人には耐えられない生活であるにもかかわらず学問を楽しんでいる」など、『論語』の中で常に褒められています。孔子の毒舌や皮肉の対象にされなかった、ただひとりの愛弟子です。

「一を聞いて十を知る」賢明さのみならず、「善行を自慢せず、苦労を他人に押しつけない謙虚な人になりたい」という徳行が認められ、孔子の思想的な後継者と目されていました。しかし、亡命の旅から帰国して一年後に死去。孔子は「天はわれを滅ぼした」と大いに嘆き悲しみました。

❖……子路《しろ》◎武勇と直情の侠客――孔門十哲【政事】

紀元前五四三年〜紀元前四八〇年。姓は仲《ちゅう》、名は由《ゆう》、字は子路。季路《きろ》とも呼ばれる。魯の出身。

剛毅《ごうき》、実直。孔門十哲では政治に秀でていると評されました。『論語』に最も多くその名が登場するように、孔子が世に出る前から門下に入り、常に孔子の傍らにあってボディガード役もしていたようです。

武勇を好み、学問は嫌いと言ってはばかりませんが、「人間を磨けばもっと大物になれる」と諭されて弟子入りし、亡命の旅には常に同行していました。『論語』でも彼の武勇譚《たん》は多く、孔子から「世の中が乱れていて仁は行なわれない。いっそ筏《いかだ》に乗って海に出たいが、そういうときに頼りになるのは子路だろう」と言われて喜び勇んだり、「暴虎馮河《ぼうこひょうが》」（無謀な勇気）にたとえられてぎゃふんとする純朴さがあります。魯に帰国後、衛の国の大臣に仕えましたが、内乱によって殺害されてしまいます。

❖……子貢《しこう》◎利殖家で能弁家――孔門十哲【言語】

紀元前五二一年～？　姓は端木《たんぼく》、名は賜《し》、字は子貢。衛の出身。

弁舌に優れた才能豊かな人で、『史記』には、孔子の意を受けた子貢が越《えつ》、呉《ご》、斉《せい》、晋《しん》に赴いて説得し、魯を救ったとあります。諸国に顔が広く、「陳蔡《ちんさい》の厄《やく》」の際には楚公のもとへ行き孔子救出を依頼しています。

孔子が亡命中に入門したとされます。貧乏から商才を発揮して資産家となったらしく、孔子に「貧しくてもへつらわず、豊かになっても驕《おご》らない境地を仁というのでは」と自画自賛するも、「貧しさを楽しみ、豊かになって礼を追求することには及ばない」と釘をさされます。また合理的な発想でよく人物評をしていましたが、孔子から「子貢は賢いから人の批評ができるのだろうが、自分にはそんな暇はない」とか「器にしかすぎない」と皮肉られることもあります。

しかし孔子の喪に服すこと六年と、その師を深く敬愛していました。孔門を財務的に支え、孫弟子たちも多く育てました。

❖……冉伯牛《ぜんはくぎゅう》◎病に倒れた弟子――孔門十哲【徳行】

紀元前五四四年～？　姓は冉、名は耕《こう》、字は伯牛。魯の出身。

有徳の人物で、孔門十哲の徳行に挙げられています。

『論語』に登場するのは二カ所のみですが、孔子の亡命の旅に随行しました。その後、難病にかかり、家に引きこもって見舞いを拒んでいましたが、「旅で難儀《なんぎ》をかけたが仕官させてやることもできなかった」弟子の病に心を痛めた孔子は、窓から手を差し入れてその手を握りしめます。そして、「お前のような徳行の人物が病にかかったのは天の試練だよ。乗り越えられない試練を天が与えるはずがない」と慰めました。

❖……閔子騫《びんしけん》◎親孝行の実践者——孔門十哲【徳行】

紀元前五三七年〜紀元前四八七年。姓は閔、名は損《そん》、字は子騫。魯の出身。孔門十哲の徳行に挙げられており、また孝を実践した人です。継母からひどい扱いを受けても不平を言わず、気づいた父親が継母を追い出そうとすると「弟たちがかわいそう」と止め、継母を改心させせました。

君子といえないような人物に仕えることを、とことん避けた無欲の人でもあります。専横《せんおう》をほしいままにしていた魯の大臣から地方長官に請われたときは、「再びそんな使者が来たら、わたしは国境の河を越えて亡命する」と言ったほどの硬骨漢《こうこつかん》でもあります。

❖……冉求《ぜんきゅう》◎破門された高弟――孔門十哲【政事】

紀元前五二三年〜？　姓は冉、名は求、字は子有《しゆう》。

実務に長けた人物でしたが控えめな性格らしく、孔子が弟子たちの志を問うと、子路は「千乗の国を治める」と胸を張りますが、冉求は小国なら何とかできると言っています。亡命の旅にも随行しました。旅の後半、魯の大臣の執事となって斉との戦いで武功を挙げ、孔子の故郷への帰還を実現します。しかし大臣のために増税したことで孔子から破門されました。

『論語』の中で冉求は、「先生の教えは身に沁みていますが、わたしの力不足で実行できません」と告白したところ、孔子は「なんじ画《かぎ》れり」と一刀両断。「力不足というのは倒れるまでやってもできないこと。自分で限界を設けていては何もできない」と諭《さと》しています。

❖……曾子《そうし》◎孔子の後継者

紀元前五〇六年〜？　姓は曾、名は参《しん》、字は子與《しよ》。魯の出身。

孔子の晩年の弟子です。孔子より四十七歳年下で、曾子と「子」の尊称で呼ばれます。孔子の孫の子思《しし》を弟子として教えました。親への孝養を第一とし、著作の『孝経《こうきょう》』には、親からもらった体を傷つけないことを「孝」のはじめと説いています。

『論語』の中で「魯鈍《ろどん》の人」と評される一方、子貢《しこう》より聡明だとされます。孔子が「私の道は、ただひとつのもので貫いているんだよ」と言っただけで、それを「忠恕《ちゅうじょ》」（真心と思いやり）と理解して孫弟子たちに解説したからです。また「任重くして道遠し」「遺児を託すに足り、一国を任せるに足る、節を曲げない人物こそ君子である」などの言葉は、日本の武士道にも影響を与えています。曾子学派と呼ばれる多くの弟子を育てました。

❖……仲弓《ちゅうきゅう》◎君子の風格――孔門十哲【徳行】

紀元前五二二年～？　姓は冉《ぜん》、名は雍《よう》、字は仲弓。魯の出身。

雍也《ようや》篇の冒頭にある「雍や、南面せしむべし」とは、冉雍とも呼ばれる仲弓のことです。父は身分が低かったようですが、孔子は家柄よりも能力を重視して、仲弓の才能を褒めています。

政治家志望で篤実《とくじつ》な性格、孔子からも「上に立つ人の風格をもつ」と評されましたが、生来の口下手だったようです。ある人がそれを指摘したとき、孔子は「なぜ口達者でなければならないのか」と弁護しています。「身近な人から登用するのが有能な人材を集めるコツ」など、政治家の心構えを熱心に学びました。

❖……子張《しちょう》◎「過ぎたる」の人

紀元前五〇四年～？　姓は顓孫《せんそん》、名は師、字は子張。陳の出身。

孔子の弟子評に「師也辟《しやへき》」とあり、容姿や動作を気にしすぎて誠実さに欠けているとされた人物です。曾子は「容姿や挙措は堂々としているが、ともに仁をなす段階にはほど遠い」と評しています。

孔子の晩年の弟子で、『論語』の中で、王朝変遷の予測、仁に至る道、聡明さなどについて孔子に質問しています。しかし、高給取りになるには、優秀な役人になるにはなど処世術についての質問も多く、世俗的な人物とされます。同輩の子夏《しか》と比較されて「過ぎたるはなお及ばざるがごとし」の「過」と評価されました。

❖……子夏《しか》◎生真面目で消極的——孔門十哲【文学】

紀元前五〇八年~紀元前四二〇年頃。姓は卜《ぼく》、名は商《しょう》、字は子夏。衛の出身。消極的な性格から、子張のやり過ぎに対して、「商や及ばず」と言われました。孔子没後は魏《ぎ》の文公に招かれて師となります。

真面目で勉強家ですが、孔子からは「知識偏重の細部にこだわる小人にはなるな。広い視野をもつ君子の儒者になれ」と戒められています。自分の弟子をもってからは、「毎日、毎月習ったことを忘れないように」という学問の身につけ方を教え、ミスをしたときの言い訳も嫌いました。孔子晩年の弟子です。

❖……子游《しゆう》◎礼楽で善政を行う——孔門十哲【文学】

紀元前五〇七年~紀元前四四三年頃。姓は言《げん》、名は偃《えん》、字は子游。呉の出身。

文学(学問)に優れた孔門十哲のひとりで、孔子晩年の弟子です。魯の武城の長官として善政を行いました。訪れた孔子が武城の楽を聴いて、「鶏をさくにいずくんぞ牛刀を用いん」のたとえで、「小さな町にこんな高尚な楽はどうかな」とからかったところ、「文化を重んじる政治は先生から学んだものです」と答える真面目な人物でした。孔子没後、二派に分かれた門下の一派、子夏・子游学派を築きました。この流れから、のちに荀子《じゅんし》が出ます。

❖……宰我《さいが》◎不肖の弟子——孔門十哲【言語】

紀元前五二二年頃〜紀元前四八一年頃。姓は宰、名は予《よ》、字は子我。魯の出身。『論語』では常に孔子に叱責される不肖の弟子です。『史記』に、斉の大夫になって乱に加わり、一族皆殺しにされたとあります。

弁の立つ才子ではありましたが、「親の三年の喪は一年で十分ではないか」と言うようなドライな新人類です。ある日、午後の講義に昼寝で遅刻した宰我に「朽ちた木に彫刻はできない、腐った塀は修復できない」と孔子は激怒し、教育の仕方を変えなければならないと語っています。

諸子百家の活動

戦乱の時代が生み出した百家争鳴・思想の黄金時代

❖……経世の理想を説く諸子百家の躍動

孔子やその門弟が各国をめぐって就職活動を行っていた背景には、各国もまた優秀な人材を強く求めていたことがあります。その求めに応じて、経世の理想を掲げる多くの思想家が登場したのです。「諸子百家《しょしひゃっか》」と呼ばれた彼らの思想・学説は次々に著述編纂され、膨大な数の文献となって流布していきました。

諸子百家の語源は、これらの文献を漢の時代に分類整理して編纂された目録「芸文志《げいもんし》」に由来します。「芸文志」に記載された書物の数は、三八種・五九六家・一万三二六九巻に及びました。いちばん多いのが儒家の経典（易経、書経、詩経、礼経、楽経、春秋）をまとめた六芸略《りくげいりゃく》で、次が諸子略です。諸子略はさらに儒家を筆頭とする道家、陰陽《いんよう》家、法家、名《めい》家、墨《ぼく》家、従横《しゅうおう》家、雑家、農家の九流に分類され、これに兵家も加えて諸子百家と呼ぶようになったのです。

漢代には儒教が正統とされたため、諸子百家はいわゆる異端の学派ということになります。しかし儒家の中にも孟子《もうし》や荀子《じゅんし》が現れ、道家には老子や荘子、法家には韓非子《かんぴし》、墨家には墨子、兵家には孫子《そんし》などが登場したように、それぞれの理想や実践的体験に基づいた思想体系を構築するなど、春秋時代に続く戦国時代はまさに「百家争鳴」の自由闊達な思想の黄金時代だったのです。

❖……優れた能力・人材を各国が競って集める

戦国時代は、力のある者が権力を奪取する下剋上の時代でした。小国は大国に呑み込まれ、大国でも家臣の謀叛《むほん》で君主が追放されたり殺されて乗っ取られました。経済や社会の制度はもちろん、封建的な世襲制度や血縁関係が崩壊した革命期だといえます。そうした激動の時代に生き残り、勝ち残るための思想体系や処世術をつくりあげ、諸国を遊説し、政治や戦いの舞台で磨き上げてきたのが諸子百家でした。

その点、孔子は諸子百家のパイオニアだったと言えます。しかし実際の諸子百家は、孔子よりももっと過激な思想家であり実践家でした。旧体制からはみ出し、受け入れられなかった知識人が求めるのは思想的・社会的な革命だからです。そこが異端のおもしろさであり、新しい時代の息吹を感じさせます。

孔子から一〇〇年後に登場した孟子の性善説、対する荀子の性悪説、老子の無為自然や荘子の相対主義、墨子の兼愛主義や非攻の思想。商鞅《しょうおう》や韓非子の法律による政治や計略を主とする孫子の兵法などは、強力な政治力を求める君主に採用されます。また斉の威王《いおう》や宣王《せんおう》は国内外から文人や学者を集め、彼らは稷下《しょっか》の学士と呼ばれて優遇されました。「食客三千人」と言われるほど大勢の諸子を召し抱えた諸侯や大臣もいました。

日本人が中国の春秋戦国時代の歴史や人物の話を好むのは、江戸時代の国学となった儒教の影響もありますが、彼ら諸子百家の思想や行動が閉塞的な社会を打破する革命的な考え方を秘めているからであり、自らを重ね合わせて処世の参考にしたいからなのでしょう。

代表的な諸子百家

学派	思想家	思想の内容
儒家	孔子 孟子 荀子	仁と義の徳治政治を説いた孔子を始祖とする。孔子没後大きく2派に分かれ、曾子学派からは性善説の孟子が、子游・子夏学派の流れからは性悪説を説いた荀子が出る。
道家	老子 荘子 列子	自然のままの「道」を尊び、「無為自然」「万物一体」「無用の用」などを説いた。神仙思想や民間信仰と結びついた「道教」として、宗教的な面をもつ。
法家	商鞅 韓非子 申不害	法による統治を主張する学派。春秋時代に始まる。始皇帝の中国統一は、秦に仕えた商鞅が基盤を作り、韓非子の理論によって達成された。
墨家	墨子	儒家の礼楽を否定する非楽や節約、万人平等の兼愛、戦争を悪とする非攻などを根幹とする。城を堅守する傭兵集団としても活動した。
陰陽家	鄒衍	陰陽論と五行論を合わせて宇宙の生成、自然のめぐり、さらに政治のあり方まであらゆる現象を説明する陰陽五行説を説いた。
名家	恵施 公孫竜	名と実との概念分析を行う「名実を正す」ことを命題にした論理学派。詭弁とみなされて政治に関与することは少なかった。
縦横家	蘇秦 張儀	戦国時代に富国強兵策や政治・外交術を遊説して諸国を歩き、自身を売り込む雄弁家。蘇秦の「合従」策、張儀の「連衡」策からきた名称。
雑家		諸家の説を統合、勘案した学説を説く。またどの学派にも属さない群小学派を指す。
農家	許行	国民皆農の「君民並耕」を説き、経済基盤だった農業の保護・振興を主張。
兵家	孫子 呉子	各地で戦争が起こった春秋戦国時代、軍事・軍略を考える戦争のエキスパートとして諸侯に仕えた。また「戦わずして勝つ」ための内政充実の方法も説いた。

儒教弾圧の時代

法治国家をめざす始皇帝の儒教・儒家への厳しい弾圧

❖……始皇帝の歴史的悪業「焚書」と「坑儒」

戦国時代の末期、強国となっていた秦《しん》では荘襄王《そうじゅうおう》の跡を継いだ太子の政《せい》が即位し、紀元前二二一年、天下を統一して始皇帝を名乗ります。彼は法家の思想に傾倒して、君主独裁、郡県制、厳罰主義を徹底し、独裁的な政治を行って統一国家を打ち立てました。全国を三六郡に分割する郡県制を敷いたのは、前王朝の周が親族の諸侯に逆に滅ぼされた歴史を繰り返さないためです。また度量衡《どりょうこう》制を導入し、貨幣や漢字も統一しました。

匈奴《きょうど》の侵入に備えて万里の長城を建設するなど、歴史に残る大事業も起こしていますが、一方では阿房宮《あぼうきゅう》など壮大な宮殿造営を行い、また不老長寿の仙薬を求めるなど、後世に語り継がれる愚挙も行っています。なかでも文化的な悪業とされたのが「焚書坑儒《ふんしょこうじゅ》」です。

始皇帝は法家の李斯《りし》を宰相として重用しました。李斯は、復古主義を唱えて郡県制に反対した五経博士に対して、経典を引用して旧体制を擁護し、現政権を批判していると指摘。儒家をはじめとする諸子百家の書物の一掃を提案します。この提案を受け入れた始皇帝は、医学・占い・農業以外の書物の所有を禁じ、諸子百家が大事にしていた貴重な原典を燃やしてしまいました。これが「焚書」で、紀元前二一三年のことです。

「坑儒」が行われたのはその翌年です。始皇帝は道家の方士に命じて不老不死の薬を求めさせていましたが、大金を投じたにもかかわらず成果を得られなかったことを怒り、道家だけではなく法律面での締めつけの厳しさを批判した諸子百家を拘束します。そして見せしめとして、四六〇人もの学者を地面に穴を掘って生き埋めにしたのです。

「焚書坑儒」の対象は儒家だったと言われてきましたが、実際には儒家だけを狙ったものではありません。自由に論評し、徒党を組む諸子百家の存在が、法家のめざす専制国家確立の障害になるからでした。

❖……始皇帝の死による思想弾圧の終焉

このような大規模な思想弾圧を行った始皇帝ですが、紀元前二一〇年、東方巡幸中に亡くなります。四十九歳でした。中国を統一してから十一年後のことです。さらに四年後の紀元前二〇六年、秦は滅亡してしまいます。中国史に残るさまざまな業績を打ち立てた始皇帝と秦王朝ですが、実はたった十五年という短命王朝だったのです。その後に中国を統一した漢は儒家を登用し、儒教は国教化の道を歩むため、受難の時代は秦の滅亡とともに終わりを告げたのでした。

「焚書」された書物の量は定かではありませんが、当時はまだ紙が発明されておらず、すべて竹帛《ちくはく》（木簡や竹簡や布）に記されていたため、壁に塗り込んで秘匿《ひとく》していた原典は残されたのです。しかし、『六経』のうち『楽経』は失われてしまったため、以後『六経』は『五経』と呼ばれるようになったとされています。

現代になって前漢時代や戦国時代の墳墓が発掘され、そこから竹帛に記された『孫子』や『老子』の文献が出土しています。「焚書坑儒」を生き残った諸子百家の原典が解明されて、新しい解釈が生まれる可能性も出てきました。

儒教の日本伝来

聖徳太子が取り入れた中国文化と儒教の思想

❖……十七条憲法に見える儒教思想の影響

『論語』が日本に伝来したのは四世紀半ばのことでした。『古事記』に、百済《くだら》の王仁《わに》が「論語」十巻と「千字文」一巻を応神天皇に貢進したとあります。漢字とともに伝来した儒教は、まずは学問として普及し、その後の日本の教育的・制度的な基盤づくりに貢献することになったのです。四世紀半ばといえば、中国では五胡十六国の時代で、華北地方にさまざまな民族の国家が分立した頃でした。

当時の日本には、中国の文化・文明はもっぱら朝鮮半島経由で輸入され、六世紀には百済から五経博士《ごきょうはかせ》も来朝していました。ですから、聖徳太子が登場する六世紀末には、漢字文化も儒教文化も朝廷を中心に受け入れられていたと思われます。

六〇四年、聖徳太子によって制定された「十七条憲法」の第一条に出てくる

「以和為貴」（和をもって貴しとなす）は、『論語』学而《がくじ》篇の「礼之用和為貴」が引用元になっています。またほかの条項には、仏教の思想に加えて諸子百家の影響も見うけられます。

また聖徳太子による「冠位十二階」の制度は、遣隋使を派遣する際に使われた外交的な儀礼を整えるためのものだったとされますが、中国の制度を導入した最初のものでした。

❖……遣唐使たちは当代一流の国際人

中国の隋《ずい》・唐《とう》時代、日本は遣隋使に続いて遣唐使を派遣し、積極的に中国の文化や制度を導入しました。そのためにつくられたのが、中国の経書を勉強する「明経《みょうぎょう》」の学科です。

その頃はまだ日本独特の漢文訓読はなかったため、明経生《みょうぎょうしょう》は「音博士《おんはかせ》」から中国語を学び、「五経博士」から儒教や易、礼、詩の講義を受けていましたが、おそらく遣唐使たちはここでしっかり中国語を勉強していたのでしょう。空海（弘法大師）は中国に渡ったとき、その学識を称賛され、阿倍仲麻呂《あべのなかまろ》は科挙の試験に合格して唐の役人に採用されています。

このように遣唐使として派遣された日本人は、中国語の会話力だけではなく、経書や仏教の知識も併せもつ、まさに国際人としての素養を身につけていたことがわかります。

そして六四五年の大化の改新によって、日本は中央集権型の律令国家に移行します。この律令制も中国から学んだ政治制度でした。豪族の土地私有を廃止し、中央による統一的な地方統治制度を創設。戸籍・計帳・班田収授法の制定、租税制度の再編成など、隋の時代に整備された制度の移入です。この律令制が本格的に日本に根づいたのは、大宝律令ができた七〇一年以降になります。

封建社会と朱子学

禅宗とともに朱子学が武家政権の柱になる

❖……禅僧が学問化して全国に浸透

平安時代は、『源氏物語』や『古今和歌集』に見るように貴族文化が花開きました。漢字から仮名文字が生まれたのがそのきっかけであり、同時に漢文を訓読する日本独自の漢文も誕生。漢字だけが並ぶ経書に返り点をつけて、日本風に読みくだすようになりました。

しかし、明経博士《みょうぎょうはかせ》の職が世襲されて漢文の訓読は家伝になってしまったため、儒教をはじめとする経書の学問は平安文化の中ではマイナーな存在になってしまいます。易学を学んだ陰陽師たちは活躍していましたが、中国とのつながりは薄くなっていた時代です。

その頃、中国では統一王朝の宋《そう》が建国されて文化も爛熟します。そして南宋の朱熹《しゅき》が大成した朱子学派が登場して、経書に新注をつけ、儒教のテキストとして

『大学』『論語』『孟子』『中庸』の四書を再編集しました。以来「四書五経」という言葉が定着します。

儒教に新解釈をもたらし、名を正すことを説く朱子学に対して、日本で最初に反応を示したのは、鎌倉時代の禅僧たちでした。

唐代以後、宋代にかけて中国では禅宗が大発展しました。五山十刹制度によって朝廷から保護されたことに加え、座禅によって悟りを求める能動的な禅が、宋の人びとに受け入れられたのです。

日本でも、十二世紀末に宋から帰国した臨済宗の栄西《えいさい》、十三世紀前半に帰国した曹洞宗の道元《どうげん》が禅宗を広め、新たに台頭してきた武士階級の精神的な支柱として全国に浸透していきました。

❖……大義名分論を支えに支配力を強化

当時の日本は貴族階級の力が衰退して、鎌倉幕府という武家政権ができたばかりです。庶民仏教の浄土宗なども登場していましたが、新興階級の武士が求めていたのは政権を維持していくために役立つ宗教と学問です。武士たちは座禅を通じて自らを律する禅宗を庇護し、宋から輸入された新知識を持つ禅僧を師と仰いで、新註の「四書五経」つまり朱子学を学ぶようになったのです。

朱子学の特徴のひとつである大義名分論は、封建儒教を論理的に捉え直したものでした。日本に新しく誕生した武家政治の支配層は、宋の新しい学問である朱子学を自らのものとすべく真剣に学びました。こうして禅文化と新注の儒教は武士階級のたしなみとして受け入れられ、鎌倉時代の後期には五山文化を育てるほどになります。さらに、それまでは写本が主流でしたが、一三六四年に木版本の『論語集解《ろんごしっかい》』（正平版）が刊行されて以来、日本の儒教文化は急速に普及しました。

朱子学は江戸時代に全盛期を迎えますが、建武の新政によって天皇家の復権をめざした後醍醐《ごだいご》天皇も、南朝の精神的指導者として『神皇正統記《じんのうしょうとうき》』を書いた北《きた》畠《ばたけ》親房《ちかふさ》も、朱子学派の大義名分論を政治的な拠り所にしていたのです。

また五山と並ぶ儒学の拠点となった下野《しもつけ》（栃木県）の足利学校は、膨大な漢籍を収集して、禅僧のみならず武家政権の指導者の育成に貢献していきました。天文年間には「学徒三千」といわれるほどになり、フランシスコ・ザビエルにより、「日本国中最も大にして最も有名な板東の大学」と世界に紹介されています。

江戸時代の儒教

徳川幕府が保護・奨励し、朱子学は武士の学問に

❖……大名・旗本たちの必修学問として発展

日本で最初の儒学者は、藤原惺窩《ふじわらせいか》だといわれています。国内での儒教の伝承はそれまで、平安時代以降は貴族の世襲による五経博士が、鎌倉・室町・戦国時代までは禅僧が行っていました。しかし惺窩は、五山のひとつ相国寺の首座になったあと、還俗《げんぞく》して儒学者となります。将軍家に朱子学を教えた林羅山《はやしらざん》（道春）を育てたのも惺窩なのです。

林羅山の子孫は、代々徳川幕府の「大学頭《だいがくのかみ》」を継ぎ、孔子廟（湯島の聖堂）を主管し、昌平坂学問所で大名や旗本の子弟の教育を担いました。徳川幕府は儒教、とくに朱子学を保護・奨励して、武士階級が必修すべき学問としました。儒教の徳目である仁・義・礼・智・信の五徳や、孝・悌《てい》・忠の本分をまっとうすること

を求め、名の用い方を正確にし、概念・内容を正確に規定する「正名《せいめい》」を重んじていたからです。

たとえば「君は君たり、臣は臣たり、父は父たり、子は子たり」など、地位・身分の名と本分の一致を求めました。そのため「君、君たらずとも、臣は臣たり。父、父たらずとも、子は子たり」という支配者層に都合のよい思想にもなるわけですが、それが武士道として定着したことで、徳川幕府は三〇〇年の長い歴史を生き延びることができたのです。

幕府の儒教教育に大いに貢献したのは、足利学校や昌平坂学問所をお手本として、各藩の武士の教育を目的として設立された藩校です。庄内の致道館《ちどうかん》、会津の日新館《にっしんかん》、水戸の弘道館《こうどうかん》、岡山の閑谷《しずたに》学校、佐賀の東原庠舎《とうげんしょうしゃ》など全国に多くの藩校が設立されています。

もちろん江戸時代には朱子学だけではなく、古学と呼ばれる儒学も発達し、伊藤仁斎《いとうじんさい》や荻生徂徠《おぎゅうそらい》など朱子学派とは一線を画す儒学者も出ています。

一方、儒教の本家である中国では、元《げん》の時代に朱子学が官学となりましたが、科挙の試験も行政も形式主義に陥ってしまいます。それに反発するように、明《みん》の時代になると、実践を重んじ「知行合一」を説く陽明学派が台頭します。『大学』の「致知《ちち》」と孟子の「良知《りょうち》」を結合した「致良知」を追求、真の知識は実践や実験による検証を伴うべきものであるとした学派です。

日本にも陽明学は輸入され、中江藤樹《なかえとうじゅ》、熊沢蕃山《くまざわばんざん》などの有名な陽明学者が出ますが、幕府が行った「寛政異学の禁」により、ついに朱子学と並ぶような影響力をもつことはできませんでした。

江戸時代の儒教思想は歌舞伎や浄瑠璃にも取り入れられて、内的な爛熟期を迎えます。さらに、寺子屋の普及、町人学者の登場によってわが国の儒学は武士階級から町人階級まで広がり、日本独特の文化的風土を育てました。

しかし、幕末になって蘭学が普及し、西洋の科学的な知識が入ってくると、名分論を重視する朱子学は尊皇論と結びついて明治維新の政治的な原動力となっていきます。かくして朱子学によって幕を明けた徳川幕府は、朱子学によって幕を閉じることになるのです。

儒教の庶民化を進めた町人学者と寺子屋

庶民に広まった儒教

❖……日本版『論語』、伊藤仁斎の『童子問』

幕府の保護を受けた朱子学が全盛の江戸時代、京都の堀川で儒教の「古義＝後世の解釈によらない経書の直接実証的な研究」を説き、朱子学は孔子・孟子の意を正しく伝えていないと、公然と批判した人物がいました。日本的儒教の基礎を築いた儒学者、伊藤仁斎《いとうじんさい》です。

朱子学を学んだ仁斎が、『論語古義』や『孟子古義』の研究をするようになったのは、当時支配的だった朱子学が形式主義的だったからです。またその成立過程で流入した禅学や老荘思想など非儒教的な思想によって、経書の解釈が偏っていると考えたからでした。

「古義堂」という私塾を開いた仁斎のもとには、全国から儒者が集まって論戦を挑んだといいます。それに懇切丁寧に答えた内容を記録したのが『童子問《どうじもん》』で、孔子と弟子の対話を思わせる、まさに『論語』のような問答集になっています。
原典を忠実に読みくだした仁斎は、読書の学だった儒学を人生の学として復権させ、講義形式から対話形式に転換しました。さらには朱子学の聖典となっていた『大学』や『中庸』の批判も行なうなど、当時としては画期的な発想の持ち主だったのです。

「いまの学者は既成概念の虜《とりこ》、固定観念の奴隷である。孟子が言ったように、人間として当然の道徳は平常心で、苦労もなしにできるのにわざわざむずかしくしている」と、あえて世の高名な大家は相手にしない『童子問』の記録を残したのです。

一方、朱子学の流れでは、大阪・難波の豪商たちが「懐徳堂《かいとくどう》」という町人塾をつくり、幕末にかけて多くの町人学者を輩出しています。

❖……素読の講義もした庶民の学校・寺子屋

そして、儒教の庶民化に最も貢献したのは寺子屋です。商工業が発展した江戸時代には、民衆の間にも教育への要求が高まり、寺子屋が生まれました。まず江戸・大阪・京都、続いて各藩の商業集積地に広がりを見せ、江戸時代後期には全国規模で急速に普及します。江戸には約一五〇〇、全国には一万五〇〇〇の寺子屋があったといわれます。

寺子屋で教えたのは主に「読み書き、そろばん」ですが、商売のノウハウ、地名や地理、歴史、古典文学も教えていました。さらに、「四書五経」を素読する儒学の講義もあったのです。経書の内容までは教えていなかったようですが、素読みだけでも漢字教育に大いに役立ったことは間違いありません。

ちなみに、寺子屋への就学年齢はとくに決まりはなく、だいたい五～六歳で就学し、十三～十四歳、あるいは十八歳頃まで修学する例が多かったようです。男子限定、女子限定の寺子屋もありましたが、男女共学が多数派でした。

明治初期における日本の識字率が世界最高レベルに達していたのは、寺子屋による高水準の教育が庶民の間に広範に定着していたからです。そうした教育のおかげで、日本は明治以降の急速な近代化を推進できたのです。

近代日本と儒教思想

明治維新の原動力から教育勅語になった儒教

❖……儒教を基本にした教育勅語の誕生

幕末に尊皇攘夷論の理論的指導者となったのは、国学と朱子学を学んだ平田篤胤《ひらたあつたね》、山崎闇斎《やまざきあんさい》、藤田東湖《ふじたとうこ》たちです。皇室崇拝の思想に、日本こそが儒学の正統だとする日本版中華思想（攘夷）を合体させた彼らの理論は、薩長両藩を動かして明治維新をなし遂げました。

反体制派として発展してきた儒教思想を原動力とする政治改革は、近代中国でも起きています。康有為《こうゆうい》の戊戌《ぼじゅつ》の政変や孫文《そんぶん》の辛亥《しんがい》革命は、孔子の言説に忠実な政治の理想を追求しようという儒学者の思想に影響を受けたものです。

しかし、新しい政権が誕生すると儒教はたちまち新体制を支える思想に変身します。幕府の官学だった儒学を否定しようとした明治政府も、日本人の血肉として定着していた儒教思想を復活させ、天皇親政を支えるものとして活用することを考えたのです。

明治二三年（一八九〇年）に発布された教育勅語がその例で、内容は次のようなものです。

まず歴代天皇が国家と道徳を確立したと語り、臣民の忠孝心が「国体の精華」であり「教育の淵源」であると規定。続いて父母への孝行や夫婦の和合、友情を大切にし、自らを律して博愛精神を発揮するために、学問を修め、徳を積み、国のために働き、ことあらば国のために戦うことなど、十二の徳目（道徳）を並べます。そしてこれを守るのが臣民の伝統であり、自らもこれを守るように努力したいとする教育勅語の内容は、まさに儒教道徳そのものです。

山県有朋《やまがたありとも》内閣のもとで起草された教育勅語は、当初サミュエル・スマイルズの『自助論（Self-Help／邦題：西国立志編）』を翻訳した中村正直《まさなお》が原案を書いたそうです。しかし立憲君主政治に合わないとして退けられ、最終的には天皇側近の儒学者・元田永孚《もとだながざね》の意見を取り入れて、儒教色の強い、漢文調の文章になったのだそうです。最後に御名御璽《ぎょめいぎょじ》（天皇の名前と印鑑）が入り、法律ではなく天皇の言葉としてまとめられています。

❖……反儒教の急先鋒は福沢諭吉

一方で、産業革命が急速に進行した明治時代は、西洋的な合理主義、科学主義が積極的に取り入れられたため、儒教を古い学問であると否定する学者も少なくありませんでした。

たとえば福沢諭吉は反儒教の急先鋒でした。彼は著書『脱亜論』の中で、儒教を「その古風旧慣に恋々するの情は、百千年の古に異ならず」と断じます。そして「学校の教育は仁義礼智と称し、一より十に至るまで外見の虚飾のみを事として、その実際においては真理原則の知見なきのみか、道徳さへ地を払ふて、残刻不廉恥《ふれんち》を極め、尚傲然《ごうぜん》として自省の念なき者の如し」と言っています。

明治の日本は、新旧の政治、思想、教育、学術、知識、習慣が複雑にからみあって、まさに混沌《こんとん》とした世界をつくりあげていたのです。

論語を愛した日本人

論語（道徳）と算盤（経済）を一致させた渋沢栄一

❖……正しい道理の富は『論語』から学べ

道徳と経済とは共存しえない、かけ離れたものというのが一般的な認識でしょう。堅物の道徳家では資産をつくり増やすことはむずかしく、時流に敏感な企業家は道徳を軽視する傾向があるからです。しかし、道徳が人間として歩むべき道であるなら、経済人として活動しながら道徳を実践できるはず、と考えて実践した日本人がいました。

明治時代に日本で最初の銀行をつくり、五〇〇に及ぶ会社の設立にかかわり、東京商工会議所の会頭として財界活動をしていた渋沢栄一その人です。渋沢は、著書『論語と算盤《そろばん》』の中で、道徳と経済を一致させることは可能であると言っています。

「実業界は物を増殖する務めがある。これが完全でなければ国の富は成さぬ。その富を成す根源は何かといえば、仁義道徳、正しい道理の富でなければ、その富は完全に永続することが出来ぬ。ここにおいて論語と算盤というかけ離れたものを一致せしめることが、今日の緊要《きんよう》の務めと考えている。……人の世に処せんとして道を誤らざらんとするには、先ず論語を熟読せよ」

そして、「もつ人の心によりて宝とも、仇ともなるは黄金なりけり」という昭《しょう》憲《けん》皇太后の歌を紹介。「罪は金銭にあらず」と自らを律し、誠実な心をもって「分を守ること」「身を修めること」に配慮してきたと言っています。

渋沢は『論語』と算盤を両手にもち、富の社会還元を説きました。そして近代日本の〝実業界・銀行の父〟と呼ばれたのです。彼を孔子の弟子にたとえるなら、実務にも強い、義理と道徳を重んじる子貢のような人物だったのでしょう。

❖……『論語』の心を伝えた教育者・下村湖人

一方、『論語』の一言一句を全身で受け止め、教育者としてまた作家としてその心を伝えてきた日本人もいます。名著『次郎物語』を書いた下村湖人《しもむらこじん》です。

旧制台北高等学校長を退いた後、著作活動をしながら戦前戦後の青少年教育に従事し、孔子と弟子たちの対話を小説仕立ての心理描写で表現した『論語物語』を書きました。弟子の気持ちや孔子の言葉に対する理解力がなければ書けない名著です。

戦前の儒教教育の反動で、『論語』をベースとする道徳心は影を潜めてしまい、さらに近年はグローバリゼーションによって欧米思想が強くなっています。しかし、いまでも『論語』を自らの心の糧《かて》とし、よりどころとして愛着を持つ日本人は大勢います。漢字とともに渡来し、日本人の心を形づくってきた孔子の教えは、日本人の心に深く根づいた精神的な伝統となっているのです。

現代の日本人が『論語』から学ぶことは少なくありません。自分の人生を豊かにするためにも、ぜひ心に響く一言を見つけてください。

第3部

人生に役立つ教え
経書《けいしょ》から生まれた珠玉の言葉

儒教の経典《けいてん》は『論語』ばかりではありません。
『大学』『孟子』『易経』などのなかから、
現代の日本人、とくに若いビジネスマンの皆さんに
覚えてほしい言葉を取り上げました。

四書と五経

儒学の正統を学ぶための経典・四書五経とは？

❖……『大学』で儒学入門、最後に学ぶのが『中庸』

中国のみならず漢字文化圏の学問・思想の基礎を築いた古典が「四書五経」です。四書とは『大学《だいがく》』『論語《ろんご》』『孟子《もうし》』『中庸《ちゅうよう》』のこと。五経とは『易経《えききょう》』『書経《しょきょう》』『詩経《しきょう》』『礼記《らいき》』『春秋《しゅんじゅう》』のことです。歴史的には紀元前にできた五経のほうが古いのですが、宋の時代にまとめられた儒教関連の四書を前に出して、「四書五経」と呼ばれます。

その四書にしても、編纂された年代順の序列ではなく、『大学』がいちばん先にきて、次に『論語』、『孟子』が入り、最後に『中庸』という順に並びます。また『大学』『中庸』は、もともと五経の『礼記』にあった二篇でした。朱子学を大成させた南宋の朱子《しゅし》が独立させて各一書とし、ほかの二書と合わせて四書としたのです。朱子は『大学』を孔子の高弟だった曾子《そうし》の作とし、『中庸』を孔子の孫で曾子の弟子である子思《しし》の作としており、孔子から孟子に至る儒学の正統を四書で学習できるように定めたのです。

日本の学制は小学校、中学校、高等学校、大学という順で高等教育に進みますが、これは中国の儒家の教育制度に習ったものです。儒教が国教化されてからの中国では、各地方で行われる初等、中等の基礎教育を小学と呼び、中央で行われる専門的な高等教育を大学（太学）と呼んでいました。ここで政治的・文化的なリーダーである君子を育成するのが、教育の根幹だったのです。

その最高教育を担う学問として編纂されたのが、『論語』や『孟子』の政治観・君子論を進化させた『大学』です。学問の目的と政治の理想との関係を論理的に説明し、為政者である君子が備えるべき倫理観や政治観をまとめたものです。「大学の道は、明徳を明らかにするに在り、民を親しましむるに在り、至善に止《とど》まるに在り」を三綱領として、格物《かくぶつ》・致知《ちち》、誠意、正心、修身・斉家《せいか》・治国《ちこく》・平《へい》天下《てんか》の八条目を提示し、儒教の基本的な古典となりました。

『中庸』は体系的な道徳論をまとめたもので、「人は善良誠実の人となるように努力することは当然の義務」であることを、礼や孝や政治を引き合いにして述べています。朱子が編纂した『大学』と『中庸』に示された儒教の政治観と道徳観は、中国の科挙制度を支え、さらに日本の幕藩体制を支える学問となりました

❖……魯の歴史書『春秋』が春秋時代の名称の由来

五経は、中国の神話時代や宗教・政治・礼楽を編纂した中国文化の基礎中の基礎になるものです。

『易経』は、陰と陽の六十四卦《ろくじゅうしけ》によって自然と人生の変化の道理を説いたもの。『書経』は、中国の神話や古代の王の事跡を描いた歴史の書です。『詩経』は、風《ふう》（各地の民謡）・雅《が》（宮廷歌）・頌《しょう》（祖先を祀る歌）の三部からなり、周の時代につくられた中国最古の詩集です。当初は三〇〇〇篇もの膨大な詩篇が集められていたものを、孔子が三一一篇に編成し直したとも伝えられます。『礼記』は、祭礼・葬式などの「畏敬の礼」と、外交などの「和平の礼」を編集した儒教道徳の基礎となる書です。

『春秋』は、魯の歴史を編年体で記録した史書で、『孟子』や『史記』には孔子がつくったとあります。『春秋』自体は現存していませんが、「左氏伝《さしでん》」「公羊伝《くようでん》」

「穀梁伝《こくりょうでん》」の三つの注釈書の形で伝えられています。

ちなみに『春秋』は、魯の隠公《いんこう》元年（紀元前七二二年）から哀公《あいこう》一二年（紀元前四八三年）までの記録（左氏伝は哀公一四年まで）であることから、この時代を『春秋』が扱う年代という意味で、「春秋時代」というようになったのです。

四書五経の成立と概要

	書名	成立	内容
四書	大学	※原典の『礼記』に準じる	「初学入徳の門（いりぐち）」として、四書の中でも第一に学ぶべきものとされる
	論語	紀元前2世紀頃	孔子と弟子たちの問答形式で、礼楽や仁、徳を説いた儒教の聖典
	孟子	紀元前300年頃	晩年の孟子と弟子たちが編纂。王と孟子、孟子と弟子との対話集で、7篇からなる
	中庸	※原典の『礼記』に準じる	最も深遠なものとして四書の最後に学ぶべきものとされる
五経	易経	周の文王と孔子が編纂したと伝えられる	占いに用いられる書物で、五経の筆頭に挙げられる。今日の易占法の原典
	書経	原型は周初の史官の記録と考えられ、孔子編纂ともいわれる	中国最古の歴史書。現行の書は「偽古文尚書」で、大半が偽作とされる
	詩経	周代に作られ、西周時代に孔子が編纂したといわれる	中国最古の詩集であり漢詩の原型。舞踊や楽曲を伴う歌だった
	礼記	周から漢代にかけてまとめられた書物を前漢の戴聖が編纂	全49篇からなり、祭礼や葬式、外交などでの礼についてまとめた書
	春秋	孔子が書いたとされる	春秋時代の魯の歴史書。『春秋左氏伝』『春秋公羊伝』『春秋穀梁伝』の3つの注釈書が伝えられる

中《あ》たらずと雖《いえど》も遠《とお》からず

『大学』

◉……性善説の根拠になった、もとは君主の心構え論

ふつう、「だいたいそんなところで間違ってはいない」という意味で使われる故事成語ですが、原文は「心誠《こころまこと》に之《これ》を求《もと》むれば、中《あ》たらずと雖《いえど》も遠《とお》からず」。通して訳すと、心から求めて真剣に考えれば、ぴったり的中はせずとも、そう的外れになることはない、多少まちがってもそうひどい見当ちがいをすることはない、という内容になっています。

それに続く語句が「未《いま》だ子《こ》を養《やしな》うことを学んで后《のち》に嫁《と》つぐ者は有らざるなり」。子どもの育て方を学んでから嫁に行く者はいないが、子どもに対する愛情があれば、自然に子どもの育て方はわかってくるものなのだから、ということです。

性善説の孟子《もうし》は、人は学んで赤ん坊を育てるわけではない、赤ん坊を慈しむ心は本来人間がもっているもので、そういう心を引き出すことが大切なのだと説いています。

子育てに悩む家庭が多い現代ですが、子どもを愛する心さえ大切にしていれば「中たらずと雖も遠からず」の子育てができるのではないでしょうか。

小人《しょうじん》間居《かんきょ》して不善《ふぜん》を為《な》す

『大学』

◉……人目がなくても君子のごとく身を慎め

小人とは修養のない者、間居するとは人目のない場所にいること、不善を為すとは善からぬことをするという意味です。直訳すれば、「つまらない人間は、人目につかないと思うと悪いことをしがちである」となります。

原文の最初には「学問を達成しようとする人は自分を偽らない。君子は独りのときも身を慎しむ」とあり、その後に「小人は隠れてこっそり悪さをする。だが君子の立派な生活態度を見れば、過去の不善を覆い隠して閉じ込め、善いことをするようになる」と続きます。小人も君子の生活態度を学べば悪いことはしなくなると言っているのです。

人間は、人前ではいかにも教養のある善人のように振る舞います。見栄もあるからでしょうが、社会的にそれが欠かせない処世術だからです。ところが、人目がないところでは信じられない悪さもします。それではダメ。独りのときも天地に恥じないような行いをすべきであり、そういう人を見ることによって人間は成長するというわけです。

五十歩《ごじっぽ》を以《も》て百歩《ひゃっぽ》を笑《わら》う

『孟子』梁恵王・上

◉……小手先の改革を批判した孟子の言葉

わずかな違いはあっても本質的には同じである場合を指す、「五十歩百歩」の元の語句です。原典には、梁《りょう》の恵王《けいおう》が孟子《もうし》に「私は国を治めるのに心を砕いている。ある地域が凶作になれば人びとを移住させ、別の地域から穀物を回すこともしている。だが我が国を慕って隣国から人びとが流入してこない。なぜだろうか」と質問しました。

孟子の答えはこうでした。「戦場で進撃の太鼓が鳴っている真っ最中に、鎧《よろい》を脱ぎ、武器を引きずって逃げ出す者がいて、ある者は百歩逃げて止まり、ある者は五十歩逃げて止まったとします。ここで、五十歩逃げた者が百歩逃げた者を笑ったとしたらどうでしょうか」。つまり、凶作だからと行うその場しのぎの善政などは、真の王道から見れば何もしない隣の国の政治と変わらない、五十歩百歩ではないかと諭したのです。

いつの世にも、小手先の改革や改善で大仕事をしたような態度をとる人はいます。そんな表面を取り繕うだけの仕事は、してもしなくても一緒。評価はされないものです。

往《ゆ》く者《もの》は追《お》わず、来《く》る者《もの》は距《こば》まず

『孟子』尽心・下

◉……多くの門人を集めた孟子の教育方針

立ち去る者は引き止めないし、やって来る者は拒まないという文字どおりの成句です。この言葉が生まれたのは、孟子が諸国遊説《ゆうぜい》をしていたときです。

孟子がある君主の館に逗留したとき、館にあった履物がなくなり、館の人は孟子の弟子たちが盗んだのではと疑いました。そのとき孟子はこう答えたのです。「去る者は引き止めないし、やって来る者は拒まないのが私の教育方針です。道を学ぼうとして来る者は誰でも受け入れますから、なかには盗みをするような者がいるかもしれません」

道を学ぶ者のなかにも悪さをする者がいるかもしれないが、学ぶ機会を与えることのほうが大切だ、と孟子は言っているのです。「往く者は追わず、来る者は距まず」は、弟子をもつ師匠の偽らざる気持ちだと言っていいでしょう。

去る者と来る者で対句になっている成句ですが、現代では、転職で会社を辞める人や別れた彼女に対してなど、「去る者は追わず」のほうがより使われているようです。

恒産《こうさん》無《な》ければ、因《よ》りて恒心《こうしん》無《な》し

『孟子』梁恵王・上

◉……孟子が説いた経済政策の重要性

人間は一定の仕事をもって生活を安定させないと、良心や道徳心をもち続けることは困難であるという意味の成句です。孟子《もうし》が斉《せい》の宣王《せんおう》に説いた、「安定した仕事（恒産）がなくても正しい心（恒心）をもち続けることができるのは学問修養のある君子だけで、一般の人民は生活が安定しなければ悪いことをするようになる。つまり王道の基本とは人民に職業を与え、生活の安定をはかることにある」という言葉が原典になっています。『論語』には「粗末な食事をし、水を飲んで、腕を枕にする生活もいいものだ。悪いことをして金持ちになり出世する生き方は私には無縁である」という孔子の言葉が出てくるように、儒教は経済問題についてあまり触れません。

しかし、性善説をベースにした王道政治を説く孟子は、民衆の経済的基盤の確立を政策として提言しているのです。漢代以降の科挙政治の時代に『孟子』が好まれたのは、政治と経済を同一に見る儒教に転換したからだといえます。

遠《とお》きに行《ゆ》くに、必《かなら》ず邇《ちか》きよりす

『中庸』

◉……真理に到達するにはまずは第一歩から

「目標が遠大であればあるほど、身近な基礎を固めなければならない」という意味で使われます。『中庸《ちゅうよう》』はすべて道徳論ですから、この成句も「君子の道は」で始まり、何事も努力が肝心だと教えています。

要するに、どんなことでもまず第一歩のスタートを切るところからはじまり、なかには早々に目標に到達する人もいるが、それでも到達できなかったら百回挑戦すればいいではないか、まだ到達できなければ千回挑戦すればいいではないか。その間に学ばなければならないこと、苦しまなければならないことはあるかもしれないが、最終的な到達点はみんな一緒で、誰もが必ず真理に到達できるんだよ、言っているのです。

各人の能力に応じて努力すれば、誰もが真理をきわめられるということです。スポーツや芸術、学問、それにビジネスの世界でも、努力している友人を励ますとき、挫《くじ》けそうになる自分を励ますときに、ぜひ思い出していただきたい成句です。

君子《くんし》は豹変《ひょうへん》す

『易経』革・上六

◉……豹も虎も変わるのは悪いことではない

「豹変」という言葉は、「変節」という意味で使われることが多いようですが、本来の意味はまったく違います。豹の文様はくっきりと鮮やかであることから、はっきり、すっきり、いさぎよく考え方や態度を切り替えるという意味になります。

つまり「君子は豹変す」とは、何か失敗をしたとき、立派になる人物はその原因までつきつめて、再び同じミスをしないよう、考え方も行動もすっぱり切り替える、という意味なのです。この成句の後は、「小人《しょうじん》は面《おもて》を革《あらた》む」と続きます。失敗するとすぐ頭を下げて謝るけれど、実際には失敗から何も学ばず、次の手を打とうとしない小人が少なくないという意味です。

『易経《えききょう》』には「大人《たいじん》は虎変《こへん》す」という言葉もあります。中国では、大人は君子より一段上の位に立つ人物で、新しい王朝を創るような人、革命をなし遂げるような人を指します。そんな立派な人が自己変革によって面目を一新するという意味で使われます。

積善《せきぜん》の家《いえ》には必《かなら》ず余慶《よけい》有《あ》り

『易経』坤・文言伝

◉……自然界の変化が導く人界の善悪・吉凶

善行を積めば、その人だけでなく子孫にまで必ずよい報いがあるという意味です。原典には続いて、「積不善《せきふぜん》の家には必ず余殃《よおう》有り」という一文が対句として登場し、悪行を重ねると、その人だけでなく子孫にも必ず悪い報いがあると言っています。

『書経』にも「天は、善行をすれば多くの幸せを下し、不善をすれば多くの災いを下す」とあり、『荀子《じゅんし》』にも同様の一文が出てきます。ちなみに「因果応報」や「善因善《ぜんいんぜん》果《か》、悪因悪果《あくいんあっか》」は仏教用語ですが、東洋の人びとにはこうした輪廻《りんね》の考え方に親しみがあるため、よく使われる言葉になっています。

出典である『易経』の易は、人の吉凶禍福を自然界の流れと同じものとして、流れに乗れればチャンスになるし、乗れなければ不遇をかこつことになると教えるものです。『易経』を英語にすると「The Book of Change」です。アグレッシブな欧米人は、易占いを「変化をチャンスにするマネジメント」として関心を示しているそうです。

備《そな》え有《あ》れば患《うれ》い無《な》し

『書経』説命・中

◉……古代中国の人々のリスクマネジメント術

あらかじめ備えができていれば、心配ごとはなくなるという意味の成句です。『書経《しょきょう》』は、夏《か》・殷《いん》・周《しゅう》の時代の歴史をまとめた史書で、この言葉は殷の高宗の話として出てきます。高宗が優れた補佐役を得た夢を見て国中を探させたところ、傅巌《ふげん》の谷で傅説《ふえつ》を見つけて宰相に取り立てます。その傅説は高宗にこう進言します。

「すべての患いごとや禍《わざわい》は形がないところから起こって来る。したがって上に立つ王は、何事もない平素からなすべきことをしっかりやっておかなければならない。そうすることによって自然にあらかじめ備えができて、備えがあれば心配ごとはなくなる」と。

いまで言うリスクマネジメントです。現代のビジネスは、まずリスクを把握・特定、発生頻度と影響度を評価、リスクの種類ごとに対策を講じ、リスクが発生すれば被害を最小限に抑える対策を講じるなど「備え」は緻密です。にもかかわらず偽装や不祥事などが多発するのは、上に立つ経営者の姿勢に問題があるからだと言っていいでしょう。

我《わ》が心《こころ》石《いし》に匪《あら》ず、転《まろ》ばすべからざるなり

『詩経』邶風・柏舟

◉……強い意志のなかにも深い哀愁が漂う詩

原典は、「我が心石に匪ず、転ばすべからざるなり。我が心蓆《むしろ》に匪ず、巻《ま》くべからざるなり」です。意味は、「私の心は石ではないから、簡単に転がすことはできない。私の心は蓆ではないから簡単に巻くことはできない」――つまり、どんなに重い石でも転がすことができるし、どんなに平らな蓆でも巻くことができるけれど、私の心は確固不動であって変わることはない、と言っているのです。

この言葉の後には「姿勢もみやびやかで礼儀正しい」と続きますが、突然「みじめな気持ちは汚れた衣服をつけているかのようだ」という嘆息に変わり、志操堅固《しそうけんご》な人物が不遇をかこち、孤独感に沈んでいる姿が表現されます。

この詩の作者は王道を成そうとして政敵に追われた士大夫か、あるいは夫に虐げられても誇りを失わず毅然《きぜん》としている妻かもしれません。周囲の圧力に負けずに生きていこうとする孤独な姿勢には、深い哀愁が感じられます。

玉《たま》琢《みが》かざれば器《き》と成《な》らず

『礼記』学記

◉……玉＝才能・資質は学問で磨いて開花する

天然の美質をもった玉も、磨いたり細工をしたりしなければ器物として役に立ちません。たとえどんなに優れた資質をもっていても、学問修養に努めなければ立派な人物にはなれないという意味です。原典には、これに「人学ばざれば道を知らず」と続き、「人は学ばなければ道を修めることはできない。だから昔の聖王は、早くから国を建て、民の君主になるための学問をしてきた」となります。何よりも学問が大切だという考え方は儒家の基本です。

「玉を磨く」という意味でよく使われるのが「切磋琢磨《せっさたくま》」です。『詩経《しきょう》』に出てくる「切するが如く磋するが如く、琢するが如く磨するが如し」が原典ですが、『論語』や『大学』でも、「切磋琢磨」は強調されて使われています。「切磋」とは骨や角を切ってヤスリや鉋《かんな》をかけること、「琢磨」とは玉や石を槌《つち》や鑿《のみ》で彫りあげて砂や石で磨くことです。『大学』では「切磋」は学問の道、「琢磨」は自ら修めることだと説明しています。

鼎《かなえ》の大小軽重《だいしょうけいちょう》を問《と》う

『春秋左氏伝』宣公三年

◉……春秋戦国の厳しい時代が反映された言葉

相手の権威を疑うこと、また時のリーダーを軽蔑して自分が代わろうとする野心のことで、一般的には「鼎の軽重を問う」と言われます。

殷《いん》を滅ぼして新王朝を建てた周《しゅう》ですが、春秋時代には王朝とは名ばかりの小国のひとつになっていました。あるとき楚《そ》の荘公《そうこう》が洛陽の近くを通りかかったので、周の定王《ていおう》は王孫満《おうそんまん》を派遣しました。すると荘王は周王朝の宝器である鼎の重さを尋ねたのです。

周の鼎（九鼎《きゅうてい》）とは、夏王朝の時代に天下の銅を集めて鋳造した巨大な青銅の器です。その重さを尋ねたのは自分の国に運びたいからであり、天下を取ろうという野心が見えです。そのとき使者の王孫満は、「王朝を決めるのは徳であって鼎が決めるわけではない。鼎の重さを問うのは筋違いではないか」と毅然として答えました。

かくして「鼎の大小軽重を問う」という一言は、春秋戦国時代の下剋上の激しさと王権の正統性を物語る言葉として残ったのです。

病膏肓《やまいこうこう》に入《い》る

『春秋左氏伝』成公十年

◉……重い病気も悪習慣も早期発見&早期治療

膏肓《こうもう》に入《はい》るというのはまちがいで、正しくは膏肓《こうこう》に入《い》るとなります。意味は、不治の病にかかること。病気が重くなって治療の見込みがないことから転じて、趣味や道楽にのめり込んで社会復帰できなくなっている人を評するときにも使います。

春秋時代、病の重くなった晋《しん》の景公《けいこう》が秦《しん》の名医の診察を受ける前夜、景公の夢に病気がふたりの童子となって現れ、「名医に見つからないように、膏（心臓）の下と肓（横隔膜）の上に逃げよう」と語り合っていました。さて、到着した医師は景公を診察しますが、王の病気は膏の下と肓の上のところにあって鍼《はり》も届かず、薬も効かないため処置のしようがないとの診断を下しました。景公は「彼は誠の名医である」と称えました。

病気は膏肓に入る前、早期発見・早期治療が大切です。同じく趣味や道楽に熱中し、家計を傾けたりする「病膏肓に入」ってしまった家族がいたら……。こちらは、家族のケア次第で、まだ直る可能性はあるかもしれませんね。

参考文献

『論語』　金谷治（訳注）　岩波文庫
『高校生が感動した「論語」』　佐久協（著）　祥伝社新書
『中国の歴史』　陳舜臣（著）　講談社文庫
『中国姓氏考―そのルーツをさぐる―』　王泉根（著）　林雅子（訳）　第一書房
『論語と孔子の事典』　江連隆（著）　大修館書店
『諸子百家の事典』　江連隆（著）　大修館書店
『人物中国五千年1』　守屋洋（編）　ＰＨＰ研究所
『新釈漢文体系87 史記七（世家下）』　吉田賢抗（著）　明治書院
『儒教三千年』　陳舜臣（著）　朝日新聞社
『大学・中庸』　金谷治（訳注）　岩波文庫
『創業者を読む1 論語と算盤』　大和出版
『白川静著作集 第6巻 神話と思想』　平凡社
『中国名言名句の辞典』　尚学図書（編集）　小学館
『孔子と論語がわかる事典』　井上宏生（著）　日本実業出版社
『論語抄』　陳舜臣（著）　中央公論新社
『論語物語』　下村湖人（著）　講談社学術文庫
『孔子 人間、どこまで大きくなれるか』　渋沢栄一（著）　知的生き方文庫／三笠書房
『日本人の論語―『童子問』を読む』　谷沢永一（著）　ＰＨＰ新書
『故事成語名言大辞典』　鎌田正・米山寅太郎（共著）　大修館書店
『漢文名言辞典』　鎌田正・米山寅太郎（共著）　大修館書店
『四書五経入門』　竹内照夫（著）　平凡社ライブラリー
『諸子百家争鳴』　貝塚茂樹・小川環樹・森三樹三郎・金谷治（共著）　中公クラシックス・コメンタリィ

本書は『「論語」で鍛える』（２０１３年／静山社文庫）の新装版です。

佐久協（さく・やすし）

1944年東京生まれ。慶應義塾大学文学部卒業後、同大学院で中国文学、国文学を専攻。慶應義塾高校で教職に。国語、漢文、中国語などを教え、多くの生徒に親しまれてきた。2004年に教職を退き、以降は思想、哲学、漢籍、日本語などをテーマに執筆活動を行う。『高校生が感動した「論語」』（祥伝社新書）がベストセラーとなり、論語解説の第一人者に。著書に『「孟子」は人を強くする』（祥伝社新書）、『論語が教える人生の知恵』（PHP研究所）、『親子で読むはじめての論語』（成美堂出版）、『ためになる論語の世界』（学研プラス）、『あなたの悩みを晴らす論語』（池田書店）、『「論語」2000年の誤訳』（ベストセラーズ）など多数。

「論語」の教え

豊かな心で生きる

二〇一九年一二月二〇日　第一刷発行

著　者　佐久協

発行者　松岡佑子

発行所　株式会社 出版芸術社

〒一〇二-〇〇七三

東京都千代田区九段北一-一五-一五　瑞鳥ビル

ＴＥＬ　〇三-六三八六-一七八六

ＦＡＸ　〇三-三二六三-〇〇一八

ＵＲＬ　http://www.spng.jp/

カバーデザイン　小林義郎

本文イラスト　寺山武士

組版　アジュール

印刷・製本　中央精版印刷株式会社

ISBN 978-4-88293-526-1 C0095